DISCOURS

POLITIQUES,

TRADUITS DE L'ANGLOIS

DE MONSIEUR HUME.

TOME PREMIER.

Tome I.   a

DISCOURS
POLITIQUES
DE MONSIEUR HUME

TRADUITS DE L'ANGLOIS

Nouvelle Edition.

Par

MONSIEUR L'ABBÉ LE BLANC

Hiftoriographe des Bâtimens du Roi de France.

Magna pars, ſtudiorum amœnitates quærimus : quæ vero tractata ab aliis dicuntur immenſæ ſubtilitatis, obſcuris rerum tenebris premuntur.

Plin. in Præf. ad Vespaſ.

TOME PREMIER.

Avec Privilège du Roi.

A DRESDE,

Chez MICHEL GROELL,

Libraire & Marchand d'Estampes.

M. DCC. LV.

A MONSIEUR

LE MARQUIS

DE MARIGNY,

Conseiller du Roy en ses Conseils, Directeur & Ordonnateur Général de ses Bâtimens, Jardins, Arts, Académies & Manufactures Royales.

Dans cette nouvelle Edition des Difcours Politiques de Mr. *HUME*, j'ai le bonheur de pouvoir vous préfenter un Ouvrage, qui par fon utilité s'eft déja acquis l'éftime publique. L'homage que les Arts de toute éfpece s'empreffent à vous rendre eft le plus flateur de tous, c'eft celuy de la reconnoiffance. Si l'Architecture, la Peinture & la Sculpture ont repris en France un nouvel éclat, c'eft à vous principalement, Monfieur, que nous en fommes redevables. A coté de ce monument célèbre de la fageffe d'un Roy, véritablement grand en tout, avec quel plaifir Paris ne voit-il pas conftruire l'Ecole Royale Militaire, Edifice à tous égards auffi digne d'admiration que l'Hôtel des invalides? Ce nouveau Temple que pour fatisfaire le zèle & la piété de la Capitale du Royaume, *LOUIS LE BIEN-AIME'* confacre au Dieu des Armées qui le fit triompher à Fontenoy, fera pour la Poftérité une époque du bon gout de l'Architecture Françoife, que vos lumieres & votre vigilance ont fait revivre dans ce Siècle. Votre zèle pour la gloire de la Nation inféparable de celle du Souverain, affure enfin au Louvre, ce Palais digne de nos Rois pour tout

* ij

dire, la durée des Edifices qui ont fait le plus d'honneur à l'Antiquité, & qu'il égale ou surpasse peutêtre.

Les beaux Siècles de la Grece & de Rome, comme le notre, qui peut ne leur être pas inférieur, puisque c'est celuy de la Raison & de la Philosophie, ont vû enfanter les mêmes miracles. La Protection que le Prince donne aux Arts échauffe le génie & fait éclore les talens, c'est ainsi que la chaleur bienfaisante de cet Astre, l'Ame de l'Univers, feconde & perfectionne tous les Etres.

Sans parler de la célébrité que de pareils Monumens donnent à une Nation, les Arts de goût, ceux même de pur Luxe ont une utilité réelle, qui peut échaper aux yeux du vulgaire, mais qui est le véritable but de tout Ministre éclairé, dont le devoir est de faire concourir à l'avantage de la Société les vices même des particuliers qui la composent. La Saxe, Monsieur, où je me trouve à présent, en fournit une des preuves les plus manifestes: La terre y reçoit des mains qui l'y travaillent avec tant d'industrie, une valeur qui la rend comparable à ces Métaux si recherchés, que l'on a tant de peine à arracher de ses entrailles ; les autres Nations de l'Europe s'empressent à échanger leur Or contre une matiere dont il semble que la fra-

DEDICATION.

gilité ne faſſe qu'augmenter le prix. C'eſt à juſte titre que le Roy de Pologne peut comter ſa Manufacture de Porcelaine au rang des Mines les plus riches de ſes Etats.

Que n'aurois-je pas à vous dire de la Gallerie Royale de Dresde, où tout reſpire le gout & la magnificence du Souverain, où l'Art étale des richeſſes qui ne le cèdent pas à celles dont la Nature a pris plaiſir à favoriſer la Saxe? Cette précieuſe collection de Tableaux eſt un Océan immenſe qui reçoit continuellement de nouveaux tributs des différens Pays de l'Europe; c'eſt à proprement parler une École complette de Peinture: J'y vois chaque jour des Artiſtes jaloux de mériter les bontés du Prince, encouragés par ſes bienfaits, & plus encore par ſes regards le plus flatteur & le plus puiſſant de tous, ſe former ſur les Modelles des grands Maîtres, & ſe rendre dignes de décorer le ſuperbe Edifice que ſa piété conſacre à la Religion.

Quel changement n'a pas déja produit en différens Pays cet éſprit de lumiere qui ſe répand de toutes parts & ne fait que s'accroître de jour en jour! J'en prens encore pour exemple la Saxe. C'eſt au fond de la Luſace d'où ſont partis les anciens Vandales pour dévaſter nos Contrées à les replonger dans l'ignorance, que l'on réimprime en François les Diſcours de Mr.

* iij

HUME, l'ouvrage qui peut le plus contribuer à éclairer quelque Nation que ce foit fur fes véritables intéréts. Qu'il eft glorieux pour ce Siècle de voir dans ce Pays dont les Armes ont été fi funeftes à l'Europe, multiplier celles d'une autre éfpèce qui font les plus propres à repouffer la barbarie! Le Livre de Mr. *HUME* eft une forte d'Egide qu'on luy peut oppofer.

Auffi, Monfieur, quelques foient les avantages des Arts qui vous font foumis en France, ils ne vous empêchent pas de reconnoître la confidération qui eft düe à ceux fans lesquels tous les autres n'éxifteroient pas ou ne feroient que languir : Je veux parler des Arts utiles: ce titre, ce me femble, les honore afsès. Les Arts Libéraux ne peuvent fleurir que chès un Peuple riche ; & quelles font les vrayes fources de nos richeffes. L'Agriculture, les Manufactures, le Commerce. Dans une Nation puiffante les uns & les autres fe plaifent à donner la main & s'entr'aident mutuellement : les uns la rendent riche, les autres la rendent recommendable; ceux-ci la foutiennent, ceux-là l'élèvent; le concours des uns & des autres fait fa véritable grandeur. L'éxpérience de tous les tems eft d'accord avec ces Principes. Sans les reffources d'un Commerce floriffant Athènes auroit-elle pû nous laiffer ces Chefs d'oeuvre des Arts

DEDICATION.

que nous admirons encore aujourd'hui, & fans ce
digne employ des richeffes qu'il procure, auroit-
elle pris l'afcendant qu'elle eut fi long-tems fur
toute la Grèce? Ce n'eft qu'après avoir détruit Carthage que Rome joignant à fon Empire celuy de la Mer, devint par la beauté de
fes Edifices autant que par l'étenduë de fa puiffance la premiere Ville du Monde. Si la victoire fe fut declarée pour fa Rivale, il n'eft pas
fûr qu'elle en eut tiré les mêmes avantages.
L'éfprit de Commerce, le feul dont les Carthaginois étoient animés, eft un efprit d'économie,
que rien ne touche que l'intérêt particulier; il
peut rendre une Nation riche fans la rendre
grande, parce qu'il ne dicte rien que de petit.
Il eft vray que l'efprit qui luy eft oppofé, celuy
du Luxe, appauvrit infailliblement un Pays,
s'il n'eft accompagné de cette induftrie qui anime les Arts, & qui les rend eux-mêmes un des
principaux Objets du Commerce. L'avantage
donc eft alors à la Socièté. Ce gout pour le fuperflu, qui dans chaque Pays eft proportionné à
fes richeffes, n'eft plus un Probleme : ce feroit
révoquer en doute l'utilité d'un Commerce étendu, utilité tellement reconnuë aujourd'hui en
Europe, qu'il eft à craindre que la guerre ne s'y
rallume bientôt par la jaloufie de ceux de nos
Voifins qui voudroient faire eux feuls le Com-

merce de tout l'Univers. *Dans un grand Etat, tel que la France, ces deux esprits d'Economie & de Luxe, tendant chacun de leur coté à leurs vuës particulieres, operent nécessairement le bien général. Le Commerce y fait valoir & multiplie les richesses naturelles, & par là donne un nouvel encouragement aux Arts de toute espece.*

Votre attention, Monsieur, à soutenir parmi nous la splendeur des Arts Libéraux fait connoître assès que vous en sentés tout le prix; on ne peut trop éstimer en effet l'avantage qui leur est particulier, c'est d'imprimer à une Nation ce caractère de dignité & de grandeur qui releve sa puissance.

S'il me suffit d'être Citoyen pour joindre ma voix aux applaudissemens du Public, la place que je tiens de vos bontés m'en fait un devoir. Recévés ce premier tribut de ma reconnoissance & des sentimens respectueux avec lesquels je suis,

MONSIEUR,

De Dresde
le 1 Avril 1755.

Votre très humble
& très obéïssant Serviteur
L'Abbé LE BLANC.

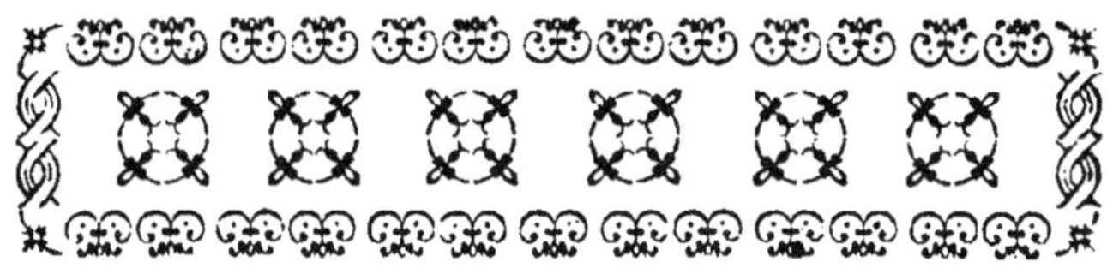

PRÉFACE.

Je n'ai eu d'autre but en traduifant les DISCOURS POLITIQUES de Mr. HUME, que de concourir, autant que mes foibles talents le comportent, à l'utilité publique : comme c'eft auffi l'unique objet que je me fuis propofé dans la Préface que j'ai mife à la tête de la première Edition de ces Difcours, je n'ai pas cru devoir la fupprimer & je me contenterai d'y faire quelques legers changemens auxquels les circonftances ont donné lieu.

Je ne nierai pas cependant que j'étois plus intereffé qu'un autre à faire connoître en notre langue un Ouvrage qui prouve, ce me femble, que fi les Anglois, comme j'ai ofé l'avancer, n'ont pas égalé les Italiens & les

a iij

François dans les Arts de Goût, aucun Peuple n'a furpaffé cette célèbre Nation dans des Arts qui étant beaucoup plus utiles, ne peuvent pas être moins nobles ; je veux parler de ceux qui ont rapport à l'Agriculture & au Commerce, les deux véritables fources de toutes nos richeffes. Quant à la prééminence que les Anglois s'arrogent encore dans celui des Arts que l'on doit regarder comme le premier de tous, dans le grand Art du Gouvernement, leurs prétentions ne paroiffent pas auffi bien fondées.   A cet égard, l'expérience ne s'accorde pas avec le raifonnement ; il y a même apparence que la queftion ne fera pas de long-tems décidée.

Cependant fans prendre à la lettre les éloges qu'ils font de leur Gouvernement, on ne peut s'empêcher d'en reconnoître les avantages en beaucoup de chofes, fpécialement à l'égard du Commerce.   Ce n'eft pas uniquement par la nature du Pays qu'ils habitent, qui étant une Isle, eft fi favorable à la

Navigation, c'est sur-tout par leur Constitution politique qu'ils sont parvenus dans ce dernier Siècle à se rendre les Maîtres de la Mer. On ne peut trop les louer de leur attention continuelle à conserver & même perfectionner, s'il est possible, une forme de Gouvernement, à laquelle ils doivent leur Liberté & leurs richesses. Tel est l'objet de ces Discours, & de ce grand nombre d'Ecrits du même genre, que les autres Pays de l'Europe qui ont secoué le joug de l'ignorance & de la superstition, commencent à regarder comme une Ecole de Politique. Il n'est pas douteux que cette Etude ne soit une de celles qui contribuent le plus à l'utilité publique, & à la satisfaction des Particuliers qui s'y appliquent. Mais, comme M. Hume le remarque lui-même ailleurs, les Principes n'en sont pas toûjours sûrs; le Monde est trop jeune encore, pour que l'on puisse établir en Politique aucune de ces vérités générales, qui demeurent vraies jusqu'à la der-

niere poſtérité. Notre expérience ne remonte pas au-deſſus de trois mille ans; de
ſorte que non-ſeulement l'art de raiſonner eſt
encore defectueux dans cette Science, comme
dans toutes les autres, mais nous n'avons
pas même des matériaux ſuffiſans pour fonder nos raiſonnemens. Sait-on de quel degré
de vertu, comme de vice, la Nature humaine
eſt ſuſceptible, ou ce que peut opèrer ſur les
Hommes une grande révolution dans l'éducation, les coûtumes ou les principes?

Si tant de cauſes, qui pendant une ſucceſſion de Siècles varient & ſe combinent à l'infini, laiſſent quelque incertitude dans cette
Science, comme elle a un objet certain, qui
eſt le bonheur de la Sociètè, nous n'en devons avoir que plus d'ardeur à pénètrer,
parmi ces obſcurités, ce qu'il eſt donné à
l'Eſprit humain de connoître.   De ſembla-
bles Diſcuſſions Politiques ſeront toûjours
avantageuſes par-tout où la force ſeule ne
donnera pas la Loi.

J'avoue que des inventions utiles dans les Sciences & dans les Arts, paroissent avoir quelque chose de plus éclatant, je ne dis pas que ces Recherches, mais même qu'un système de Loix, dont le but est d'assûrer la Tranquillité, le Bonheur & la Liberté d'une Nation: je ne sais cependant si les avantages qui résultent des Observations sur lesquelles de pareilles Loix sont fondées, ne sont pas en effet plus grands & plus sensibles. Quoique les autres Sciences spéculatives éclairent l'esprit, elles ne peuvent être de quelque utilité que pour le petit nombre de ceux qui les cultivent. A l'égard des Arts pratiques, qui varient & multiplient les commodités & les jouïssances de la vie; il est certain que le bonheur de l'homme consiste moins dans l'abondance de ces objets, que dans la tranquillité & la sûreté avec lesquelles il les possède; & il ne peut tenir ces avantages que d'un bon Gouvernement.

Ainſi un Ouvrage tel que l'*Eſprit des Loix*, qui peut contribuer à perfectionner la Police générale d'un Etat, & par conſéquent à la félicité publique (*a*), eſt certainement l'uſage le plus élevé & le plus grand de la raiſon & des lumieres acquiſes (*b*). Si un Poëte a pû dire:

Que qui forme les Rois eſt prèſque leur égal.

(*a*) Les Anglois regardent eux-mêmes cet Ouvrage, comme le meilleur ſyſtème de connoiſſance Politique qui ait encore paru dans le Monde.

Au moment où je me flatois de recevoir des nouvelles de Mr. le P. de Montesquieu à qui j'avois communiqué une Lettre que Mr. H u m e m'a fait l'honneur de m'écrire au ſujet de ſon Diſcours ſur la Population, j'aprens avec douleur que la France vient de perdre ce grand homme. Qu'il me ſoit permis de mêler ici mes regrets je ne dis pas ſeulement à ceux de ma Patrie, mais à ceux de toute l'Europe. Quel homme a fait plus d'honneur à ſon Siècle & a travaillé plus utilement pour le bien de l'Humanité?

(*a*) *Digniſſima certe Scientiarum, hæc ipſa eſt, quæ ad Principes pertinet, hominesſque in regendo genere humano occupatos.* Hobbes. *de Cive.*

A plus forte raifon eft-il vrai que ces Génies fupérieurs qui éclairent les Législateurs, mé-ritent comme eux le titre de Bienfaiteurs du Genre humain, & en effet les uns & les autres font également honorés par la poftérité (a).

Ce grand objet d'être utile aux hommes mêmes qui font encore à naître, eft celui que s'eft propofé l'Auteur de ces *Difcours Po-litiques*; & ce qui les rend plus eftimables, il ne les a pas écrits pour fa Nation feule. Le Commerce eft une des parties les plus effen-tielles de fon Ouvrage; les Anglois en ont beaucoup fur cette matiere, mais les uns manquent de méthode & de clarté, ce qui empêche qu'on ne puiffe les lire avec fruit; d'autres ne font, pour ainfi dire, que des efpèces de Manuels de Négocians, totale-ment inutiles pour un Homme qui n'eft pas

---

(a) *Gratum eft quod Patriæ Civem Populoque dedifti,*
Si facis ut Patriæ fit idoneus, utilis agris,
Utilis & Bellorum & Pacis rebus agendis.
Juvenal, Satyre XIV.

inftruit.   M. Hume a puifé dans toutes ces
fources une partie des connoiffances, d'après
lefquelles il établit fes Principes, non en Anglois prévenu, mais en Philofophe politique.
Nul autre n'a mieux prouvé que lui, que les
préjugés ont plus d'une fois aveuglé la Nation qui fe pique d'être la plus éclairée, &
qu'en écoutant trop fa haine pour fes voifins,
elle s'eft fouvent fait plus de tort qu'à eux-
mêmes (*a*).

(*a*) L'Auteur des nouvelles Annales de l'Empire remarque qu'à la mort de l'Empereur Jofeph,
Charles VI. fon Frere, fe trouva Maître de préf-
que toute la Hongrie foûmife, des Etats héréditaires d'Allemagne floriffans, du Milanois, du Man-
touan, de Naples & Sicile, de neuf Provinces des
Pays-Bas, & que fi l'on avoit écouté en 1709. les
Propofitions de la France alors accablée, ce même
Charles VI. auroit encore eu l'Efpagne & le Nouveau Monde.   Certainement c'étoit alors qu'il n'y
auroit point eu de balance en Europe: cependant
les Anglois qui avoient combattu uniquement pour
cette balance, murmurèrent contre la Reine Anne
qui la rétablit, tant la haine contre Louïs XIV.
prévaloit contre les Intérêts réels.

Après avoir rendu juftice à cet Ecrivain fi judicieux, je tiens trop à l'honneur de ma Patrie & à la vérité, pour paffer fous filence les obligations qu'a M. HUME à un Ouvrage François, qui n'a pas d'abord été affez gouté parmi nous, mais dont les Anglois, plus appliqués au Commerce, ont les premiers connu tout le prix. Je veux parler de l'*Effai* de M. MELON *fur le Commerce*. Comme je dois plus qu'un autre honorer la mémoire de ce Citoyen Philofophe, que j'ai eu le bonheur d'avoir pour Ami, j'ai trouvé un nouveau plaifir à traduire en notre Langue un Ouvrage qui juftifie une partie de fes principes fur le Commerce, & auquel felon toutes les apparences fon Effai a donné lieu.

Quoique M. HUME ait mieux exécuté le Plan qui lui avoit été tracé par l'Ecrivain François, j'ai cru devoir revendiquer la partie de gloire, qui en appartient au premier Auteur. Je ne nierai pourtant pas que M. MELON lui-même ne dût beaucoup de cho-

ſes aux Anglois; mais s'il a emprunté d'eux
des idées lumineuſes, qui faiſoient tout le
mérite de quelques Livres où elles étoient
éparſes, il a celui de les avoir le premier
raſſemblées dans un Corps d'Ouvrage Politique, où les principes liés les uns aux autres, ſe prêtent mutuellement une nouvelle
force. Il en eſt pluſieurs ſur leſquels il s'eſt
peu étendu, parce qu'il a cru qu'il ſuffiſoit à
ſon deſſein de les faire appercevoir, il n'en a
même donné beaucoup d'autres que comme des germes aiſés à développer. Il déclare expreſſement qu'un des objets qu'il
s'étoit propoſé dans ſon Eſſai, étoit d'engager de bons eſprits à travailler ſur une matiere ſi digne de les exercer. Il y a pleinement réuſſi. Son Livre, quelque bon qu'il
ſoit, a donné lieu à un autre encore meilleur,
c'eſt celui de M. HUME.

A la vérité, cet Auteur avoit déja prouvé
par différens Ouvrages (*a*) qu'il n'avoit pas

____

(*a*) *Eſſays Moral and Philoſophical.*

befoin d'être excité; fes premiers Effais font d'un Maître qui pouvoit fe paffer de guide: cependant comme M. MELON l'avoit précè-dé dans cette nouvelle carriere, il a trouvé plus fage de le confulter, mais au lieu de le fuivre pas à pas, il le quitte & le redreffe même toutes les fois qu'il s'égare. Il examine ces principes, il développe ces germes que l'Auteur François n'avoit fait qu'entaffer. Il n'eft pas moins attentif à relever un Paradoxe, qu'à mettre la vérité dans tout fon jour; il diftingue les maximes folides des raifonnemens captieux. Il démêle dans un fyftème de Finances qui paroît multiplier les richeffes d'un Etat, le vice fecret qui en épuife la fource. C'eft ainfi que la main d'un Jardinier habile fait retrancher une branche de belle apparence, mais qui nuiroit effentiellement à l'arbre, pour ne laiffer fub-

---

Philofophical Effays concerning Human Under-ftanding.

By DAVID HUME, Efq.

fifter que celle où il remarque ces germes féconds qui doivent donner le fruit.

L'Effai de M. MELON reffemble à l'Ouvrage fi fameux de BACON, intitulé *Cogitata & vifa* (*a*), la fource de tant de Livres Philofophiques, donnés pour Originaux, & qui n'en font que de purs Commentaires. Quelques uns de ceux qui depuis ont écrit fur le Commerce, fe font fait honneur des principes de cet Effai qu'ils ont plus ou moins heureufement appliqués aux matieres qu'ils ont traitées. Je ne dirai pas la même chofe des *Difcours* de M. HUME, ils font d'un ordre fupérieur: avec ce qu'il a emprunté d'ailleurs, il y a dans fon Ouvrage tant de chofes qui ne font qu'à lui, que fon Livre a tout le mérite d'un excellent Original.

Il a de commun avec M. MELON d'avoir toûjours eu pour objet le bien public en général & celui de fa Nation en particulier:

______

(*a*) *De interpretatione Naturæ, five de inventione Rerum & Operum.*

j'ai

j'ai tâché par des Notes qu'il eſt aiſé de diſ-
tinguer de celles de l'original Anglois, de
concourir aux mêmes vûes. Je n'ai rien
oublié de tout ce que j'ai cru pouvoir contribuer à rendre cette Traduction plus utile.
J'ai eu l'attention de faire remarquer au Lecteur les Articles ſur leſquels ces deux Ecrivains Politiques ſont entièrement d'accord,
tels que celui du Luxe en particulier (*a*), &
ceux où ils ſont d'un avis diamétralement
oppoſé, tels que les Dettes d'un Etat, l'utilité des Papiers de Crédit, Banques, Annui-
tés & autres Fonds publics, le Chapitre de
l'Eſclavage, &c.

C'eſt en effet, comme le dit M. Melon
lui-même, de différens Ecrits, ſouvent con-
tradictoires, que la vérité viendra éclairer le
Légiſlateur, qui, placé comme au centre où

______

(*a*) Les Auteurs du Journal Etranger, pour
faire connoître le Livre de M. Hume, n'auroient
pas dû choiſir ſon Diſcours ſur le Luxe, puiſque c'eſt
celui qui eſt le moins original : en tout cas il étoit de
leur devoir d'en avertir le Lecteur.

toutes les lignes aboutiſſent, n'aura plus beſoin que de l'eſprit de diſcernement pour choiſir & exécuter. Tels étoient les ſentimens de ce Philoſophe: je l'ai aſſez connu pour aſſûrer qu'il tenoit plus à la vérité qu'à ſes opinions, & à l'utilité publique qu'aux ſyſtèmes qu'il croyoit pouvoir lui faire le plus d'honneur.

J'ai été témoin qu'il a preſſé plus d'une fois M. Du Tot, qui penſoit autrement & plus juſte que lui ſur l'Article des Monnoies, de rendre public l'Ouvrage que celui-ci n'a fait imprimer qu'après la mort du premier (*a*), Ouvrage qui n'eſt pas auſſi bien fait qu'il pourroit l'être, mais qui, s'il péche par la forme, eſt précieux par le fonds. La ſoli-

---

(*a*) *Reflexions Politiques ſur les Finances & ſur le Commerce*, où l'on examine quels ont été ſur les Revenus, le Change étranger, & conſéquemment ſur notre Commerce, les influences des Augmentations & des Diminutions des Valeurs numéraires des Monnoies.

Deux Volumes, M. DCC. XXXVIII.

dité des raiſonnemens, & l'évidence des calculs de M. Du Tot, prouvent invinciblement que M. Melon emporté par l'eſprit de ſyſtème, n'avoit pas aſſez médité un des points capitaux de ſon Eſſai. L'Auteur Anglois en a relevé d'autres erreurs qui ne ſont pas moins eſſentielles, & qui cependant ſont pardonnables, ſur-tout à celui qui a le premier traité des matieres ſi compliquées, & où il eſt ſouvent ſi difficile de rapporter les effets à leurs véritables cauſes. En traduiſant M. Hume, je ne le donnerai pas non plus pour infaillible : Quel eſt l'Homme qui ne ſe trompe jamais ? Bacon, dont j'ai parlé plus haut, ce Philoſophe ſublime, qui le premier a rallumé le flambeau des Sciences, s'eſt trompé lui-même plus d'une fois, ainſi que Mylord Bolingbroke l'a ſi bien démontré (a).

Comme c'eſt des Italiens que nous tenons le goût des Beaux Arts, & que ceux qui s'y

______

(a) Lettre à M. Pope, Londres 1753.

font diftingués parmi nous, ont commencé par étudier Raphaël & Michel-Ange, ce n'eft que des Anglois que nous pouvons apprendre dèformais à perfectionner les connoiffances du Commerce ; quand ils n'auroient fur nous que l'avantage de nous avoir précèdé dans cette Science, c'en feroit affez pour nous déterminer à les choifir pour Maîtres. C'eft ce qui m'a fait ajoûter à la fin de cette Traduction, une légère Notice de ceux de leurs Ouvrages les plus eftimés qui traitent du Commerce en général, & de celui de l'Angleterre en particulier. Je n'aurois fait qu'ennuyer le Lecteur fi j'euffe voulu parler de tous : le nombre de Livres & de Brochures en Anglois, qui y ont rapport, eft prèfque infini. A la fuite de ce Tableau qui donne du moins une idée de l'application conftante de nos Voifins, à tout ce qui peut augmenter leur Commerce, j'expofe une autre Efquiffe qui ne piquera peut-être pas moins la curiofité du Lecteur. C'eft une Lifte où je me borne à parler des Livres qui ont paru en

France depuis deux ans fur les mêmes matieres. Le Lecteur fera peut-être étonné qu'en ce peu de tems ils fe foient fi fort multipliés. C'eft l'effet naturel des lumieres Philofophiques qui fe répandent de plus en plus dans la Nation. C'eft à la gloire de notre Siècle, qu'aujourd'hui les bons Efprits commencent à ne s'occuper que des matieres dignes d'eux. Les Florentins ne viennent-ils pas de nous donner un exemple qui juftifie cette haute réputation de fageffe qu'ils ont eue de tout tems, en établiffant une *Académie d'Agriculture*, la derniere à la vérité de l'Italie par fon inftitution, mais certainement une des premieres de l'Europe par fon objet?

Il eft vrai que la plûpart des Livres que j'indique par ce fecond Catalogue, ne font que des Traductions, ou des Imitations d'Ouvrages prèfque tous Anglois: mais c'eft cette attention même à confulter les bonnes fources, qui marque le défir que nous avons de nous inftruire, & quel augure favorable n'en doit-on pas concevoir? Les François ne s'apliquent pas fans fuccès à ce qu'ils entreprennent. Il n'eft guères de Sciences qu'ils n'ayent perfectionnées en les cultivant. Quand ils s'occuperont férieufement du Commerce, ils redoubleront la jaloufie de leurs Rivaux, mais ils n'en auront rien à craindre.

• Au refte nous devons les principaux Ouvrages de ce Catalogue à deux Auteurs qui font le plus grand honneur à la Province où ils font nés (*a*), & que l'amitié n'unit pas moins que la parenté. Ils ont même donné les preuves de cette haute capacité, & de ce zèle égal qui les anime l'un & l'autre pour le bien de la Patrie, dans un âge où il eft rare de raffembler tant de connoiffances, & plus rare encore d'en faire un pareil ufage. Un nombre fi confidérable de Livres utiles, qui ont paru prèfque tous à la fois, eft pour

______

(*a*) Le Maine.

ceux qui écrivent l'Histoire de l'Esprit, une Epoque certaine de ses progrès. Nos Voisins ne pourront plus avec justice reprocher à nos Ecrivains, de n'avoir avec les agrémens, que la frivolité de la Nation. Elle s'est en tout tems tellement distinguée dans la Philosophie & les Belles-Lettres, que ce reproche ne pouvoit tomber que sur la négligence de l'Etude du Commerce où il y a plus à aprendre que ne le soupçonnent la plûpart de ceux même qui en font profession. On doit le regarder comme une Science où le Calcul Arithmétique est nécessaire, mais ne suffit pas.

Le Négociant, suivant l'idée qu'en donne un Auteur Anglois, peut en effet être considèré comme le Dispensateur des Thrésors d'une Nation, à cause du Commerce & des correspondances qu'il a dans les Pays Etrangers, & l'on ne doit estimer celui qui s'applique à cette profession, qu'autant que par son expérience & sa probité, il fait ensorte que son profit particulier ne soit jamais séparé de celui de l'Etat.

Je suis surpris, je l'avoue, que ceux de nos Gens de Lettres, qui ont le plus affecté de reprocher à notre Nation cette frivolité dont on l'accuse, ne l'aient occupée eux-mêmes que de choses frivoles : nos Livres modernes si pleins d'esprit & si vuides de sens, font une preuve de ce que j'avance. Ceux qui se disent les Précepteurs du Genre humain, devroient du moins joindre les exemples aux leçons : mais la plûpart n'ont que l'orgueil & la vanité du Titre. On est trop heureux, quand ils se bornent à amuser leurs Disciples. Combien sacrifiant le bien public à l'envie de faire du bruit, égarent le plus souvent ceux qui ont le malheur de les prendre pour guides ! Il étoit réservé à notre Siècle de voir des Docteurs de Morale prêcher l'Irréligion.

De toutes les Langues modernes, l'Anglois depuis vingt ans est presque la seule que nos Gens de Lettres se piquent de connoître : Quel auroit dû être le but de ceux qui s'y font appliqués ? De puiser chez nos Voifins des richeffes qui nous manquent. S'il eft une partie où ils l'emportent fur nous, c'eft certainement dans la quantité d'Ouvrages excellens qu'ils ont fur la Culture des Terres & fur le Commerce, c'eft-à-dire, fur les objets les plus intéreffans pour la Sociéte. Quelques Ecrivains François qui avoient connu ces Thréfors s'étoient contentés de nous les indiquer: avant les deux dont je viens de parler, aucun ne s'étoit encore avifé de nous en faire part. Nos Traducteurs s'étoient tous attachés à des parties plus brillantes, ou à celles qui font en effet fi piquantes au goût de ceux qui prennent pour Philofophie ce qui n'en eft que l'ombre. Quoique les Pièces du Theatre Anglois foient la plûpart auffi contraires à l'honnêteté des Mœurs qu'aux règles de l'Art, & qu'on y trouve la preuve la plus forte de la fupériorité que nous avons fur nos Voifins dans toutes les chofes de goût : cependant comme il y a beaucoup de génie, il nous étoit utile de les connoître.

Il semble que nous aurions bien pû nous en tenir à la quantité des Romans Bourgeois que nous avons dans notre Langue, & dont la plûpart de ceux qui ont paru en Anglois ne font que des imitations. Cependant les personnes le plus opposées aux Ouvrages de cette éspèce ne peuvent s'empêcher d'excepter de la proscription générale *Paméla, Tom Jones & Clarisse*, & quelques autres que l'on doit moins regarder comme des Romans que comme des portraits véritables des foiblesses humaines. Loin que ceux-ci ayent rien de dangereux pour les Mœurs, la vertu y est peinte avec tant d'attraits, qu'on peut dire qu'ils en font en quelque sorte une Ecole & en les envisageant de ce côté, ils ne laissent pas de pouvoir être utiles. Mais que dire de tant de Livres de cette Philosophie dangereuse qui ôte aux Hommes le seul frein peut-être qui les retienne, & que n'ont pû remplacer jufqu'ici dans aucun Pays les vaines reffources de cette fageffe fi vantée? C'eft faire pis qu'augmenter le fonds de nos frivolités nationales, que de faire paffer dans notre Littérature ces fources étrangeres, mais empoifonnées, de l'égarement des efprits & de la corruption des cœurs. C'eft péchèr contre la Socièté, que de répandre parmi nous ces germes de contagion, dont en Angleterre même ceux qui ont quelque amour pour le bien public fe plaignent fi amèrement.

Quoique la vérité philofophique de quelque propofition que ce foit, ne dépende en aucune maniere de ce qu'elle y peut contribuer ou nuire, que doit-on penfer d'un Homme qui enfeigne une Théorie, fût-elle démontrée, dont la Pratique, de fon propre aveu, ne peut qu'opèrer la dépravation des Mœurs? La juftice que l'on rendra à la fubtilité de fes Recherches, fera-t-elle moins détefter fon fyftème? Pour confon-

dre ces pretendus Philofophes que leur orgueil aveugle, on ne rifque rien à leur accorder l'impoffible ;   on a toûjours à leur répondre, que s'il y avoit (ce qui ne fe peut
en effet) des Vérités pernicieufes pour .la
Socièté, ce feroit toûjours un crime que de
les révèler.

Si M. De Dangeul & M. De Fort-
Bonnais fe fuffent ainfi contentés de borner leurs plaintes à l'emploi inutile ou dangereux que la plûpart de nos Ecrivains font
de leurs talens, le Lecteur ne pourroit qu'ap-
plaudir à la fageffe de leurs Réflexions: mais
dans ce qu'ils ont dit l'un & l'autre, & des
Auteurs & du grand nombre d'Académies
de France, dont l'objet eft d'éclairer les
hommes, encore plus que de les amufer,
ils ne paroiffent certainement pas auffi judicieux que dans le refte de leurs Ouvrages.

Un Citoyen de la République des Lettres,
qui par la Profeffion de Cenfeur qu'il y exer-
ce, eft fait pour redreffer les torts & réfor-

mer les abus, a eu raiſon de repouſſer cette
eſpèce d'incurſion (*a*). Il a calculé que ce
grand nombre d'Ecrivains eſt au plus de
deux cens, ſur vingt millions d'ames que la
France contient. Il a fait voir l'utilité que
l'Etat & les Particuliers retirent de ces différentes Académies (*b*). Il remarque que ces

---

(*a*) Voyez l'Année Littéraire, *Tome III.* Lettre VII.

M. F R E R O N y venge pleinement l'honneur des
Gens de Lettres, ſans ſortir lui-même des bornes
de la modération. La Critique ſeroit auſſi louable qu'utile, ſi elle ſe règloit toûjours ſur ce ton,
& ſi l'on ne mêloit jamais de fiel au ſel qui eſt
peut-être néceſſaire pour l'aſſaiſonner.

(*b*) Il eſt plus que probable que ce ſont ces ſages établiſſemens qui ont fait tomber dans le mépris, les genres d'occupations puériles & les abus
de l'eſprit qui étoient autrefois ſi fort à la mode.
Dans les tems où ces cercles choiſis donnoient le
ton à Paris, un Sonnet ſuffiſoit pour faire la réputation d'un Auteur. Quel rôle joueroit aujourd'hui dans une Académie, celui qui n'auroit
d'autre tribut à y apporter? Il réſulte un avantage certain du concours des eſprits cultivés, c'eſt

Compagnies ne font pas compofées uniquement de cette forte de Gens de Lettres, qui n'ont d'autre état que celui d'Auteur. En effet plus de la moitié de l'Académie Françoife même, qui n'a pour objet que la perfection de la Langue, & les chofes de pur Bel-Efprit, occupent d'autres Emplois dans la Socièté.

Ceux qui repréfentent comme un malheur pour l'Etat, ce qui lui eft tout à la fois le plus glorieux & le plus avantageux, s'il eft vrai qu'ils y aient beaucoup réflêchi, devoient y réflêchir encore davantage. Ils n'auroient pas eux-mêmes auffi-bien écrit, & par conféquent auffi utilement (car fouvent ce qui eft mal dit eft dit en pure perte) s'ils n'avoient pas le bonheur d'être nés dans

---

qu'on contraête dans leur Commerce ce difcernement & ce goût que les Belles-Lettres donnent naturellement. Qu'il feroit à fouhaiter qu'on y pût contraêter auffi aifément des qualités plus effentielles à la Socièté, & que la vraie Philofophie devroit donner!

une Nation qui abonde en Ecrivains de toute efpèce. Il n'eſt guères poſſible qu'où il y en a tant, il n'y en ait pas un grand nombre de mauvais ; mais s'il n'y en avoit pas beaucoup, il feroit encore plus difficile qu'il y en eût de bons.

Je rends juſtice à ces deux Auteurs ; ils n'ont péché que par un excès de zèle pour le bien Public, & quelles fautes ne pardonne-roit-on pas à un ſi beau motif ? Ils me pa-roiſſent encore plus excuſables en ce qu'ils ont contracté, ſans s'en douter, peut-être, ce ton d'amertume contre les Auteurs, & cette étrange prévention contre les Acadé-mies, dans ce grand nombre de Livres uti-les, à la vérité, mais très-peu philofophi-ques, où de ſimples Marchands Anglois ont ſi ſouvent évaporé leur bile contre toute autre Profeſſion que celle qu'ils exercent. Ce Perſonage bizarre qui vouloit mettre toute la France en Ports de Mer, n'étoit pas plus déraiſonnable que les Auteurs de plu-

lieurs Ecrits Anglois qui n'admettent de Citoyens utiles que les Laboureurs, les Artifans & les Marchands. Un d'entre eux
dans un Difcours fur le Commerce (*a*), fe
plaint amèrement de la multitude des Eco-
les fondées, & du tort que font à l'Angleterre les deux riches Univerfités qui y font établies. Il y paroît très-courroucé de ce que:
„Les Ecoliers qui y font inftruits, n'appren-
„nent rien dans Homere, ni dans Virgile
„de ce qui regarde les Manufactures, l'Importation ou l'Exportation." - Il l'eft encore
bien plus de ce que : „Les Gens de Let-
„tres, & ceux qui font profeffion d'écrire
„en quelque genre que ce foit, font traités
„dans le monde avec diftinction, & vivent
„comme s'ils étoient nobles..... Auffi,
„dit-il, nous efforçons-nous d'exceller dans

(*a*) Il eft intitulé en Anglois : *BRITANNIA
LANGUENS, or a Difcourfe of Trade, &c.
Humbly offered tothe Confideration of this Parlia-
ment. London 1689.* Voyez la Section VII.

„la

„la Logique & la Philofophie (qui bien
„qu'utiles d'ailleurs , n'ajoûtent pas une
„obole aux richeffes de la Nation . . . .)
„Nous avons des Microfcopes où le plus
„petit infecte paroît d'un volume énorme;
„nous cherchons le Monde dans la Lune
„par le moyen de nos Télefcopes, nous en-
„voyons pefer l'air au fommet du Téné-
„rif, &c."

Je ne fuivrai pas plus loin cet honnête
Marchand qui s'égare toutes les fois qu'il
fort de fa Sphère, & qui en voulant tourner les Sciences en ridicule, va jufqu'à blâmer l'étude de l'Aftronomie, fans laquelle
il n'y a point de Navigation & par conféquent point de Commerce. C'eft ainfi que
chacun dans fa Profeffion ne reconnoît pas
le befoin qu'elle a du concours des autres,
& que l'*Efprit Particulier* eft toûjours contraire à l'*Efprit Public*, fi recommandé en
Angleterre.

On a reproché à M. De Dangeul d'avoir relègué les Auteurs parmi ce qu'il y a de plus méprisable dans la Nation : *les Agioteurs, les Solliciteurs de Procès & les Mendians.* L'Anglois que je viens de citer place dans une même classe : *les Portes-Balles, les Marchands Boutiquiers, les Avocats, les Médecins, les Ecclésiastiques même, ainsi que les Auteurs, avec les Solliciteurs de Procès & les Usuriers.* Il est assez commun de voir ainsi chez nos Voisins la liberté dégènérer en licence. Si je crois qu'il est de notre intérêt de les imiter, je me garde bien de penser que nous devions le faire en tout. Lorsque nous examinerons leur conduite avec attention, nous verrons que le Fanatisme & les erreurs de quelques Particuliers ont fait plus d'une fois tort à ce fonds de sagesse qui est dans la Nation. Nous devons à cet égard faire comme les Peintres, qui lorsqu'ils se servent d'un modele, ne prennent que ce qu'ils y remarquent de beau,

& laissent ce qu'ils y trouvent de défectueux.

Voilà ce que l'on étoit en droit d'attendre des deux Auteurs, qui ont le mieux appris des Anglois à traiter des matieres du Commerce, & qui dans des Ouvrages où j'aurois voulu pouvoir tout louer, n'ont pas assez ménagé l'honneur des Lettres, que pour le bien public même on doit toûjours respecter. C'est son intérêt & celui de la vérité, qui m'ont arraché cet aveu. *Amicus Plato, Amicus Aristoteles, magis Amica Veritas.*

Je dois ajoûter que M. DE FORT-BON-NAIS dans la nouvelle Edition de les Eléments du Commerce a tellement modifié ce que des expressions trop générales avoient de dur & a expliqué ses vrais sentimens d'une maniere qui luy fait honneur & qui a satisfait le Lecteur.

M. HUME non moins Philosophe & non moins Politique sur tous ces points, a vu non-feulement comme une néceffité, mais comme un avantage dans une Societé policée, ce qui a fi fouvent échauffé la bile de plufieurs de fes Compatriotes, bien intentionnés en effet, mais trop renfermés dans leur Sphère, & que l'intérêt particulier a prèfque toûjours empêchés d'appercevoir l'intérêt général.

Il n'en eft pas moins attentif à recommander l'encouragement, & les foins continuels que tout Gouvernement fage doit donner au Commerce. Il eft même un des premiers qui aient remarqué qu'avant le dernier Siècle, on ne s'étoit pas encore avifé de le regarder comme une affaire d'Etat; qu'aucun de ceux qui ont écrit anciennement des matieres Politiques, ne l'y ont compris; que les Italiens eux-mêmes ont gardé un profond filence fur cet objet, quoiqu'il ait depuis excité la principale attention des Miniftres & des raifonneurs fpéculatifs.

Dans les Siècles d'ignorance, où les Répubiques de Venife & de Gènes font parvenues à un fi haut point de grandeur, on n'avoit pas ouvert les yeux fur la vraie caufe de leur élévation ; ce font les richeffes immenfes (*a*) & les exploits militaires fi furprenans des Puiffances Maritimes d'aujourd'hui, qui ont inftruit le Genre humain de la haute importance d'un Commerce extenfif. Quels avantages n'a pas la France

---

(*a*) Sans remonter plus haut dans l'Hiftoire, on ne s'étonna pas affez en 1522. de voir le plus puiffant Empereur qui ait exifté depuis Charlemagne, obligé, pour continuer la guerre, d'aller en Angleterre demander de l'argent à Henri VIII. L'Auteur des nouvelles Annales de l'Empire en donne la raifon : Charles-Quint ne tiroit rien de l'Allemagne, & l'Efpagne ne lui fourniffoit que peu de chofe. Mais pourquoi de fi vaftes Etats produifoient-ils fi peu à leur Souverain ? Il eft aifé de répondre à cette queftion : Les uns étoient privés de tout Commerce, & celui des autres étoit beaucoup déchu.

pour foûtenir & augmenter le fien par fa fituation, par la fertilité de fes Provinces, & par l'Induftrie de fes Habitans. Je ne crains pas encore d'avancer que quoi qu'en difent les Anglois, grace à l'excellence de notre Gouvernement, les biens, les fortunes, les vies des Sujets y font auffi en fûreté qu'en Angleterre. Si le Commerce fleurit moins en ce Royaume, ce n'eft qu'il y foit moins fûr, c'eft qu'en effet, il y eft moins honoré ; & l'on ne fait que trop que dans notre Nation, l'honneur eft la vertu, ou du moins la manie de tous les Etats. Plufieurs de nos Rois, entre autres le Roi Jean, François I. Henri III. Henri IV. Louis XIII. & Louis XIV. fur - tout, ont tenté par cette voye d'encourager la Navigation & les Manufactures. Louis XIII. par l'Ordonnance de Mer, déclare que les Gentilshommes qui feroient ce Commerce (celui de Mer) par eux-mêmes, ou par des perfonnes interpofées, ne dérogeroient

point à leur nobleffe. Le préjugé, dirai-
je, ridicule ou barbare? qui lui interdit
ce Commerce même, qui n'a rien que de
noble, fubfifte encore dans fon entier.
Louis XIV. a accordé des Lettres de nobleffe au fameux Van Robais : malheu-
reufement la façon de penfer de ces fages
Monarques, n'a pas affez influé fur celle
de leur Peuple. Le Particulier à été déco-
ré, la Profeffion eft demeurée la même.
L'Empire des Prejugés eft plus puiffant
que celui des Loix & des Souverains. Ce
n'eft point la force qu'on doit employer
contre des Fantômes, c'eft la lumiere feule
qui peut les diffiper. Mais c'eft en vain
qu'on la préfente au grand nombre des
hommes, qui ont fur les yeux le bandeau
de l'ignorance, ou dont la vûe eft trop
foible pour la fupporter.

En vain la fageffe des Légiſlateurs travaille à éclairer les hommes fur leurs vrais
intérêts, ce qui eft contraire à leurs anciens

principes les révolte : c'eſt la lumiere qui
bleſſe des yeux qu'une longue habitude auroit accoûtumés à l'obſcurité. De-là cette
opiniâtreté préſomptueuſe dans un Noble,
qui n'a pour tout mérite que l'orgueil de ſa
naiſſance, & qui croiroit y déroger par une
induſtrie utile que des Grands Ducs de Toſca-
ne n'ont pas trouvée au-deſſous d'eux.

Quel renverſement dans les idées! Ce
n'eſt point à la diſſipation, c'eſt à l'Economie que l'on attache le mépris. Tel ne
rougit pas de ne point payer ſes dettes, qui
regarde comme des actes ſerviles l'attention de faire valoir lui-même ſes héritages
& le ſoin de ménager ſes propres intérêts.
Les François n'ont pas toûjours penſé ainſi :
les Hiſtoriens remarquent que les Grands
& les Seigneurs les plus qualifiés de la Cour
de Charlemagne, s'occupoient avec com-
plaiſance à faire fructifier leurs biens &
leurs poſſeſſions, & entretenoient dans leurs
Terres des Fabriques de toute eſpèce dont

les Ouvriers travailloient à leur profit.
Quel exemple de fageffe pour un Siècle,
qui n'étoit pas à beaucoup près auffi éclairé que le nôtre ! Mais le bon fens n'étoit
pas encore hors de mode. Les vains rafinemens d'efprit & les fauffes délicateffes fur
l'honneur, qui ont fuivi depuis, nous ont
tellement écartés des vrais principes de la
raifon, que nous n'avons plus que de fauffes notions de ce qui eft honnête ou de ce
qui eft utile.

Aujourd'hui, ce n'eft pas le Gouvernement, nous devons l'avouer à fa gloire, c'eft
le Peuple même qu'il faut convaincre de
l'importance du Commerce & de la néceffité de l'honorer ; & quand je dis le Peuple, je veux parler de ceux qui dans tous
les Etats, ou ne penfent pas, ou penfent de
travers ; qui faute de remonter aux Principes
de chaque chofe veulent les fins & refufent
d'admettre les moyens, & qui ne démêlant
pas leur intérêt particulier dans l'intérêt gé-

néral, agiſſent le plus ſouvent contre l'un & l'autre ſans s'en appercevoir.

Le Militaire, le Magiſtrat, le Négociant, tous ſervent également l'Etat, quoique d'une maniere différente, tous ont droit par conſéquent aux honneurs que méritent, ſelon leur eſpèce & leurs degrés, les ſervices rendus à la Patrie. Une Monarchie exige néceſſairement une ſubordination de rangs. Dès-lors la Profeſſion des Armes doit être la plus, mais non pas la ſeule honorée.

C'eſt pécher également, & contre la juſtice & contre la Politique, que d'avilir les profeſſions qui aſſûrent ou qui augmentent les fortunes des Citoyens (*a*). Le

____

(*a*) Quoique M. HUME regarde ces inconvéniens, comme les ſuites néceſſaires de la forme du Gouvernement, & qu'il ait la bonne foi d'avouer ceux qu'une Conſtitution Politique toute différente entraîne en Angleterre, il n'eſt pas moins vrai que de part & d'autre, ſans rien chan-

Commerce Etranger, dit un Auteur An-

***

ger aux principes, on pourroit corriger les abus
les plus effentiels. „Dans la plûpart des Pays de
„l'Europe, dit-il, la principale fource de diftinc-
„tion confifte dans la Naiffance, c'eft-à-dire, dans
„des Titres héréditaires & des honneurs que le
„Souverain accorde. En Angleterre on a plus
„de confidération pour les richeffes & l'opulence
„préfentes. Ces ufages différens ont chacun
„leurs avantages & leurs dèfavantages. Où l'on
„refpecte la Naiffance, des efprits nonchalans
„& que rien ne peut exciter demeurent dans une
„orgueilleufe indolence, & ne s'occupent que
„de leurs Titres & de leurs Généalogies, tandis
„que les efprits généreux & ambitieux cherchent
„les honneurs & le Commandement, la réputa-
„tion & la faveur : où les Richeffes font la prin-
„cipale idole, la corruption, la vénalité & la ra-
„pine prévalent ; mais, d'un autre côté, les
„Arts, les Manufactures, le Commerce & l'A-
„griculture fleuriffent. Le premier préjudice
„étant favorable à la vertu Militaire, eft plus fait
„pour les Monarchies ; l'autre étant le principal
„éperon de l'induftrie, convient mieux à un Etat
„Républicain. Nous trouvons en conféquence
„que chacune de ces formes de Gouvernement,

glois, est le plus grand revenu du Roi, l'honneur du Royaume, la noble profession du Négociant, l'Ecole de nos Arts, la Pepiniere de nos Matelots, le Boulevard de notre Isle, la source de nos Trésors, le nerf de nos Guerres, la terreur de nos Ennemis. Quel éloge ! Cependant cet éloge n'est qu'une description.

On confond trop en ce Pays-ci le simple Marchand & le Négociant : l'un & l'autre ont pour objet de faire leur fortune, mais en s'enrichissant, celui-ci a l'avantage d'enrichir & de rendre par conséquent le Royaume plus puissant. Pourquoi ne pas attacher à un Etat si respectable des honneurs qu'on ne refuse pas à d'autres Professions infiniment moins utiles à la Sociéte, & où il

---

„en variant l'utilité de ces coûtumes, a commu„nement un effet proportionné sur les sentimens „du Genre Humain."

Essais de Morale & de Philosophie, Partie seconde, Section VI.

faut même moins de capacité & de prudence. A moins que l'on n'offre quelque appas
à la vanité qui, du moins en France, eft un
mobile auffi puiffant fur la plûpart des hommes que l'intérêt, on ne viendra pas à bout
de retenir dans le Commerce ceux qui s'y
étant enrichis, y deviennent les plus néceffaires, & qui y renoncent pour parvenir aux
Places qui font feules honorées. Le Fils
d'un Négociant ne quitteroit pas l'état où
fon Pere a fait fortune, s'il y pouvoit jouïr
de cette confidération, à laquelle il facrifie
fes richeffes préfentes & l'efpoir de les
augmenter. Quels Citoyens mériteroient
mieux des diftinctions dans le Tiers-Etat,
que ceux qui par un Commerce auffi avantageux au Royaume qu'à eux-mêmes, augmentent les revenus des terres de cette même Nobleffe qui les méprife, rendent le
fardeau de la Taille moins pefant fur le peuple, excitent l'Induftrie des Artifans de chaque efpèce, & attirent enfin de toutes parts

dans un Pays, cet argent que les Particuliers qui ont le plus d'amour pour la gloire, font encore obligés de rechercher, & qui pour l'Etat n'eft pas moins le foûtien de la paix que le nerf de la guerre. Avec tous ces Préjugés que deviendroient la Nobleffe & le Clergé même fans le travail de ces Laboureurs fi misérables, & l'induftrie de ces Marchands fi peu eftimés ? Apprenons-le d'un Noble, qui ne l'étoit pas moins par les fentimens que par la naiffance, d'un excellent Citoyen & d'un grand Miniftre. M. le Duc DE SULLY, dont je rapporterai les propres expreffions, après avoir donné à la Nobleffe les éloges qui lui font dûs, ajoûte que : „Néanmoins il fe verra, fi „toutes circonftances font bien examinées „en détail, & par le menu, que ce Corps „tant plein d'éclat, de gloire, de fplendeur, „& de hautaines jactances, deviendroit non- „feulement inutile, mais dangereux à l'Etat, „s'il fe trouvoit une fois deftitué des aides,

„secours & assistances qu'il tire des Mar-
„chands, Artisans, Pasteurs, Laboureurs.....
„& qu'un Etat Souverain se passeroit mieux,
„pour les aisances & commodités de la
„vie humaine, de Gens d'Eglises, Nobles,
„Officiers de Justice & Financiers, que de
„Marchands, Artisans, Pasteurs & Labou-
„reurs (*a*)."

Quelque chimériques que soient toutes
ces idées, qui mettent de si puissantes entra-
ves à notre Commerce, elles sont tellement
enracinées dans la plûpart des esprits, que
la raison même ne peut espèrer d'en triompher qu'avec le tems. C'est pour cela
qu'on ne peut trop multiplier les Ecrits qui
répandent la lumiere sur des objets si intéres-
sans. C'est entrer dans les vues du Prince
qui ne veut que le bien de ses Sujets, c'est
faciliter les opérations des Ministres qui ne
cherchent qu'à le procurer.

(*a*) *Economies Royales & servitudes loyales.*

Il n'eſt point d'Ecrivain Politique qui ne convienne que la Monarchie, ſous un bon Prince, eſt le plus parfait de tous les Gouvernemens. Tel eſt le bonheur dont nous jouïſſons. C'eſt à ſes vertus & aux acclamations de ſon Peuple, que LOUIS doit le ſurnom de Bien-aime, titre en effet ſi digne d'un Roi qui en eſt le Pere, & qui fera compter à jamais ce Monarque bienfaiſant parmi les plus grands Rois de la Monarchie. L'amour des Sujets fait la gloire & la force des Princes. *Quod tutius Imperium eſt, quam illud quod amore & caritate munitur? Quis ſecurior quam REX ille quem non metuunt, ſed cui metuunt ſubditi.*

Synes. de Regno.

De Dresde le 1. Mars 1755.

DISCOURS

DISCOURS

POLITIQUES,

TRADUITS DE L'ANGLOIS

DE Mr. HUME.

DISCOURS PREMIER.

Du Commerce.

La plus grande partie du Genre humain peut être divisée en deux claſſes; l'une des hommes qui pour ne pas penſer aſſez, n'arrivent pas juſqu'à la vérité, l'autre de ceux qui pour penſer trop, vont quelquefois au-delà. La derniere claſſe n'eſt pas à beaucoup près auſſi nombreuſe que la premiere, & je puis ajoûter, eſt infiniment plus utile & plus eſtimable. Ceux qui la compofent fuggerent du moins des idées ; ils entament des queftions que peut-être ils n'ont pas l'habileté de réfoudre, mais qui peuvent produire de très-belles découvertes, lorfqu'elles font maniées par des gens qui ont une façon de penfer plus jufte. Au pis aller, ce qu'ils difent n'eft pas ordinaire ; & fi l'on a quelque peine à les comprendre, on en eft dédommagé par le plaifir d'entendre quelque chofe de nouveau. On fait peu de cas d'un Auteur qui ne nous dit rien que ce que nous pouvons apprendre dans une converfation de Caffé.

Tous les gens dont l'efprit eft borné, ne manquent pas de décrier ceux mêmes qui joignent la folidité à l'étendue de l'efprit ; ils les accufent de rafiner & de penfer en tout d'une maniere trop métaphyfique & trop abftraite ; ils n'accorderont jamais qu'une chofe eft jufte, dès qu'elle paffe leurs foibles conceptions. Il y a quelques cas, je l'avoue, où un extrème rafinement peut faire naître une forte préfomtion de fauffeté, & où l'on doit fe défier de tout raifonnement, qui n'eft pas fimple & naturel. Lorfqu'un homme délibere fur la conduite qu'il doit tenir dans une affaire particuliere, & qu'il se forme quelque plan dans la Politique, le Commerce, l'Oeconomie, ou quelque affaire de la vie que ce soit, il ne doit jamais tirer d'un principe des argumens trop subtils, ni lier une trop longue chaîne de conséquences ensemble ; il arrivera sûrement quelque événement qui déconcertera ses raisonnemens, & produira un effet tout différent de ce qu'il attendoit. Mais lorsque nous raisonnons sur des sujets généraux, on peut affirmer avec raison que nos spéculations ne peuvent pas être trop approfondies, pourvû qu'elles soient justes, & que la différence entre un homme commun & un homme de génie se remarque principalement dans le plus ou le moins de profondeur des principes sur lesquels ils fondent leurs idées.

Les raisonnemens généraux ne sont pas aisés à suivre par la seule raison qu'ils sont généraux, & il n'est pas facile au gros du Genre humain ni de distinguer dans un grand nombre de cas particuliers, cette circonstance commune où tous concourent, ni de l'extraire pure & sans aucun mêlange des autres circonstances superflues. Avec la plûpart des hommes tout jugement eſt particulier : ils ne ſauroient étendre leur vûe à ces propoſitions univerſelles, qui contiennent un nombre infini de propoſitions particulieres , & qui renferment toute une Science dans un ſimple Théorême. Leur œil eſt fatigué des efforts qu'il fait pour embraſſer des objets d'une auſſi grande étendue , & les conſéquences que l'on en tire, quoy qu'éxprimées le plus clairement qu'il eſt poſſible, leur paroiſſent obſcures & embarraſſées. Mais quelques difficultés qu'on y apperçoive, il eſt certain que les Principes généraux, s'ils ſont juſtes & bien établis, doivent toûjours prévaloir dans le cours général des choſes, quoiqu'ils puiſſent manquer dans des cas particuliers ; & le premier devoir des Philoſophes eſt d'avoir égard au cours général des choſes ; je puis ajoûter que les Politiques doivent faire de même, ſpécialement dans le Gouvernement œconomique d'un Etat, où le bien public qui eſt, ou doit être, leur principal objet, dépend de la concurrence d'une multitude de cas ; & non, comme dans les rélations qu'il a avec ſes voiſins, des événemens, du hafard, & du caprice de quelques perfonnes. Voilà d'où naît la différence qui fe trouve entre les délibérations particulieres & les raifonnemens généraux, & ce qui rend la fubtilité & le rafinement beaucoup plus convenables dans le dernier cas, que dans le premier.

J'ai crû cette Introduction néceffaire à la tête des Difcours fuivans fur le Commerce, le Luxe, l'Argent, l'Intérêt, &c. où l'on trouvera peut-être des principes qui ne font pas communs, & qui ne quadrent pas avec les idées du vulgaire fur ces différentes matieres ; s'ils font faux, qu'on les rejette, mais perfonne ne fe doit prévenir contre un Principe, quel qu'il foit, par la feule raifon qu'il s'écarte de la route ordinaire.

La grandeur d'un Etat & le bonheur des Peuples, quelque indépendance qu'on y puiffe fuppofer à certains égards, font reconnus pour être inféparables en ce qui regarde le Commerce, & comme les Particuliers reçoivent de la puiffance de l'Etat une plus grande fûreté, dans la poffeffion de leur commerce & de leurs richeffes, de même l'Etat devient puiffant à proportion des richeffes, & de l'étendue du Com-

merce des Particuliers.   Cette maxime
eſt vraie en général, quoiqu'à mon avis
elle puiſſe ſouffrir quelques reſtrictions.
Je penſe même que nous l'admettons ſouvent avec trop peu de réſerve.   Il peut y
avoir des cas où le Commerce, les richeſſes & le luxe des Particuliers, au lieu
d'augmenter la force de l'Etat, ne ſerviront qu'à affoiblir ſes armées, & à diminuer ſon crédit chez les Nations voiſines.
L'homme eſt un être très-variable & ſuſceptible de beaucoup de différentes opinions ;   il change ſucceſſivement de principes & de regles de conduite.   Ce qui
peut être vrai, tant qu'il adhere à une
certaine façon de penſer, devient faux
auſſi-tôt qu'il adopte des opinions & des
mœurs totalement oppoſées.

Dans chaque Etat le grand nombre des
hommes peut être diviſé en *Cultivateurs* &
en *Manufacturiers*.   Les premiers ſont oc-
cupés à labourer & à faire fructifier la terre, les ſeconds à rendre ſes productions
propres à toutes les commodités qu'exi-
gent les néceſſités ou les agrémens de la
vie.   Auſſi-tôt que les hommes quittent
leur état ſauvage, où ils vivent principalement de la Chaſſe & de la Pêche, il faut

qu'ils fe partagent en ces deux claffes; quoique les Arts de l'Agriculture employent au commencement la plus nombreufe partie de la Société (*a*) Le tems & l'expérience perfectionnent tellement ces Arts, que la terre peut aifément maintenir un plus grand nombre d'hommes que ceux qui font employés à la cultiver, ou qui fourniffent les Manufactures les plus neceffaires à ces Cultivateurs (*b*).

(*a*) M. Melon, dans fon *Effai Politique fur le Commerce*, affure que même à préfent fi vous divifez la France en vingt parties, il s'en trouvera feize de Laboureurs ou Payfans, deux feulement d'Artifans, une de Gens de Loi, d'Eccléfiaftiques & de Militaires, & une de Marchands, de Financiers & de Bourgeois. Ce calcul eft certainement très-défectueux; en France, en Angleterre & dans la plus grande partie de l'Europe, la moitié des Habitans vivent dans les Villes, & de ceux mêmes qui vivent à la Campagne, un très-grand nombre font Artifans, peut-être au-deffus d'un tiers.

(*b*) Il y a en France année commune un cinquiéme de grains furabondant, le Royaume a vingt millions d'Habitans, il eft aifé de conclurre de-là que quatre millions d'hommes de plus y pourroient fubfifter. Le travail de ces quatre millions augmenteroit encore la quantité de grains, & par conféquent le nombre des Habitans.

Si ces mains superflues font tournées du côté de ces Arts recherchés, que l'on appelle communément *les Arts de Luxe ;* elles ajoûtent au bonheur d'un Etat, puifqu'elles apportent à un grand nombre d'hommes la facilité de fe procurer des jouiffances, qui autrement ne leur auroient pas été connues. Mais ne peut-on pas propofer un autre plan pour l'emploi de ces mains fuperflues ? Le Souverain ne peut-il pas les réclamer, & les employer dans les Flottes & dans les Armées, pour augmenter le domaine de l'Etat au-dehors, & répandre fa réputation chez les Nations éloignées.

Il eft certain que moins les Propriétaires & les Laboureurs de la terre ont de défirs & de befoins, moins ils emploient de mains ; & par conféquent ce qui refte de terre, au-lieu d'être deftiné au foûtien des Marchands & des Manufacturiers, peut entretenir des Flottes & des Armées bien plus facilement que dans les pays où beaucoup d'Arts font néceffaires pour fournir au luxe de quelques Particuliers. Ici donc il paroît une efpece d'oppofition entre la grandeur de l'Etat & le bonheur des Sujets. Un Etat n'eft jamais plus grand que lorfque toutes les mains superflues, dont nous avons parlé, font employées au service du Public : l'aifance & les commodités des Particuliers demandent que ces mêmes mains foient employées pour leur propre utilité. On ne peut fatisfaire à l'un, qu'aux dépens de l'autre. Comme l'ambition du Souverain doit prendre fur le luxe des Particuliers, aufsi le luxe des Particuliers doit diminuer la force & arrêter l'ambition du Souverain.

Ce raifonnement n'eft pas chimérique ; il eft fondé fur l'Hiftoire & fur l'expérience. La République de Sparte étoit certainement plus puiffante qu'aucun Etat que nous connoiffions aujourd'hui, où il y ait le même nombre de Peuple. Cette force étoit dûe à fon manque de Commerce & de luxe. Les (*a*) *Ilotes* étoient les Laboureurs, & les Spartiates les Soldats. Il eft évident que le travail des *Ilotes* n'auroit pû fuffire à l'entretien d'un fi grand nombre de Spartiates, fi ceux-ci euffent vécu dans l'aifance & la délicateffe, & fourni de l'emploi à une grande variété de Commerces & de

---

(*a*) *Ilotes*, Efclaves de Sparte. Les Spartiates, pour recommander la fobriété à leurs Enfans, faifoient enyvrer ces Efclaves & les leur faifoient voir dans cet état. Voyez M. Rollin.

Manufactures. On peut remarquer la même politique dans Rome : l'Hiſtoire ancienne fait voir par-tout que les plus petites
Républiques ont levé & maintenu de plus
grandes Armées, que des Etats qui ont trois
fois autant d'Habitans ne ſont à préſent en
état de les entretenir. On conte que dans
toutes les Nations Européennes, la proportion entre les Soldats & le Peuple n'eſt que
d'un à cent. Or nous liſons que la Ville de
Rome ſeule, avec ſon petit Territoire, a
levé & maintenu dès les premiers tems dix
Légions contre les Latins. Athènes, dont
la domination ne s'étendoit pas plus que la
Province d'York, a envoyé près de quarante
mille hommes à une expédition contre la
Sicile (*a*). On rapporte que Denys l'Ancien a maintenu ſur pié une Armée de cent
mille hommes d'Infanterie & de dix mille
de Cavalerie, outre une Flotte conſidérable
de quatre cens Vaiſſeaux, quoiqu'il n'eut de
ſoûmis à ſa puiſſance que Syracuſe, environ
un tiers de l'Isle de Sicile, & quelques Ports
de mer ou Garniſons ſur les côtes de l'Italie
& de l'Illyrie (*b*). Il eſt vrai que les Ar-

(*a*) Thucidide, Liv. 7.

(*b*) Diod. Sic. Liv. 2. J'avoue que ce calcul

mées des Anciens, en tems de guerre, sub-
sistoient beaucoup de butin : mais l'ennemi
ne pilloit-il pas à son tour ? Et cette maniere de lever une taxe n'étoit-elle pas la plus
ruineuse de toutes celles que l'on pourroit
imaginer ? Enfin on ne peut donner aucune raison probable de la grande supériorité
de puissance qu'avoient les anciens Etats sur
les modernes, que leur manque de Commerce & de luxe. Ils entretenoient peu
d'Artisans du travail de leurs Laboureurs, &
par conséquent un plus grand nombre de
Soldats pouvoient en vivre. Tite-Live dit,
que Rome de son tems auroit de la peine à
lever une Armée aussi considérable que celle
que dans ses commencemens elle envoya
contre les Gaulois & les Latins (*a*). Au-
lieu de ces Soldats qui du tems de Camille
combattoient pour la liberté & pour l'Empire, il y avoit sous le regne d'Auguste des
Musiciens, des Peintres, des Cuisiniers, des

---

est un peu suspect, pour ne rien dire de plus, sur-
tout à cause que cette Armée n'étoit pas composée de Citoyens, mais de Troupes mercenaires.
Voyez le Discours X.

(*a*) *Titi-Livii. Lib. 7. cap. 25. Adeò in quæ la-
boramus sola crevimus, divitias luxuriemque.*

Comédiens & des Tailleurs. Si dans ces différens tems, la terre étoit également cultivée, il est évident qu'elle pouvoit faire subsister un nombre égal d'hommes de l'une ou de l'autre profession. Tous ces Arts & tous ces Métiers du tems d'Auguste, n'ajoûtoient aux pures nécessités de la vie rien de plus que du tems de Camille.

Il est naturel de demander à cette occasion, si les Souverains ne peuvent pas retourner aux maximes de l'ancienne politique; & à cet égard consulter plus leur propre intérêt que le bonheur de leurs Sujets. Je répons que cela me paroît presque impossible, parce que l'ancienne politique étoit violente & contraire au cours des choses le plus commun & le plus naturel. Tout le monde sait par quelles loix particulieres Sparte étoit gouvernée. Cette République n'est-elle pas avec raison regardée comme un prodige, par quiconque a considéré la Nature humaine, comme elle s'est montrée dans les autres Nations & dans les autres âges ? Si le témoignage de l'Histoire étoit moins positif, un pareil Gouvernement ne paroîtroit qu'un pur caprice phiolosophique, ou une fiction impossible à être jamais réduite en pratique.

Quoique la République Romaine, & les autres anciennes Républiques fuſſent établies ſur des principes un peu plus naturels ; cependant il falloit un concours extraordinaire de circonſtances pour engager les hommes à ſe ſoûmettre à des conditions ſi dures. C'étoient des Etats libres & de peu d'étendue ; & ces ſiécles étant guerriers, tous les Etats voiſins étoient continuellement en armes. La liberté engendre naturellement l'*Eſprit public*, ſpécialement dans les petits Etats ; & cet *Eſprit public*, cet amour de la Patrie doit augmenter lorſque les Peuples ſont dans des alarmes continuelles, & qu'ils ſont obligés à tout moment de s'expoſer aux plus grands dangers pour ſa défenſe. Dans une ſucceſſion continuelle de guerres, tout Citoyen eſt Soldat. Ils prennent les armes chacun à leur tour, & durant leur ſervice ſont obligés en grande partie de s'entretenir eux-mêmes, & quoique ce ſervice ſoit équivalent à une taxe très-onéreuſe, le poids en eſt moins ſenti par des Peuples qui ſont profeſſion des armes, qui ſe battent plus par honneur & par vengeance que pour leur paye, qui ne connoiſſent ni l'appas du gain, ni les reſſources de l'induſtrie, & preſque auſſi peu le plaiſir (*a*).   Sans parler de la grande égalité de fortunes parmi les Habitans des anciennes Républiques, où cha-

---

(*a*) Les premiers Romains vivoient dans des guerres continuelles avec leurs voiſins ;   & dans l'ancien Latin le mot *Hoſtis*, ſignifie tout à la fois un Etranger & un Ennemi.   Cicéron qui a fait cette remarque prétend que cela vient de l'humanité de ſes Ancêtres, qui adouciſſoient autant qu'il étoit poſſible la dénomination d'un ennemi, en lui donnant le même nom, qui ſignifie un Etranger. *Des Offices*, *Liv.* 2.   Il eſt cependant bien plus probable par les mœurs de ces tems-là, que la férocité de ces Peuples étoit ſi grande qu'elle leur faiſoit regarder tous les Etrangers comme des Ennemis ;   & que c'eſt par cette raiſon qu'ils donnoient aux uns & aux autres le même nom.   D'ailleurs il eſt contre les maximes les plus communes de la Politique ou de la Nature, qu'un Etat regarde de bon œil ſes Ennemis publics, ou conſerve pour eux des ſentimens tels que ceux que l'Orateur Romain veut attribuer à ſes Ancêtres.   Je pourrois ajoûter ici que les premiers Romains exerçoient réellement la Piraterie, comme nous l'apprenons par leurs premiers Traités avec Carthage, que Polybe, *Liv.* 3. nous a conſervés ; & par conſéquent, de même que les Corſaires de Salé & d'Alger, étoient toûjours en guerre avec la plûpart des Nations, & un Etranger & un Ennemi étoient chez eux des termes preſque ſynonymes.

que champ, appartenant à différent Propriétaire, fuffifoit pour entretenir une famille, & rendoit le nombre des Citoyens
très-confidérable, même fans Commerce &
fans Manufactures.

Mais quoique le manque de Commerce
& de Manufactures, parmi un Peuple libre
& guerrier, puiffe quelquefois n'avoir
d'autre effet, que de rendre le Public plus
puiffant; il eft certain que dans le cours
ordinaire des affaires humaines, il en réful-
tera des conféquences toutes contraires.
Les Souverains doivent prendre les hommes
comme ils les trouvent, & ne pas entreprendre d'introduire par la violence aucun changement dans leurs principes & dans leurs
manieres de penfer. Il faut un long cours
de tems & une grande variété d'accidens &
de circonftances pour produire ces grandes
révolutions, qui diverfifient fi fort la face
des affaires humaines; & moins une fuite
de principes qui font le foûtien d'une Société particuliere, eft naturelle, plus le Législateur trouvera de difficultés à les établir
ou à les entretenir.

La meilleure Politique eft de s'accom-
moder au penchant commun du Genre humain, & de le rectifier, autant qu'il eft

possible, pour le bien de la Société. Aujourd-d'hui, suivant le cours le plus naturel des choses, l'Industrie, les Arts & le Commerce augmentent le pouvoir du Souverain, aussi-bien que le bonheur des Sujets. C'est une Politique trop violente, que celle qui se permet de les appauvrir pour l'aggrandissement de l'Etat (*a*).

Ceci deviendra sensible par quelques considérations, qui feront sentir les conséquences de la paresse & de la barbarie. Dans les pays où les Manufactures & les Arts méchaniques ne sont pas cultivés, il faut de nécessité que le gros du Peuple s'applique à l'Agriculture ; si leur savoir & leur industrie augmentent, leur travail doit produire beaucoup plus que ce qui est nécessaire

---

(*a*) „Loin de nous, loin de la douceur de no„tre Gouvernement la maxime horrible, que „plus les Peuples sont dans la misere, plus ils „sont dans la soûmission. C'est la dureté du „cœur, & non la Politique qui l'a dictée, & chez „un autre Peuple que le Peuple François, dont la „fidélité & l'attachement pour son Roi sont iné„branlables. Mais dans toute sorte de Gouver„nement, s'il y a quelque chose à craindre, c'est „d'un Peuple que sa pauvreté réduit au désespoir, „& qui n'a rien à perdre. „ *M. Melon.*

à leur

à leur subsistance. En pareil cas ils n'ont aucune tentation de chercher à perfectionner la culture des terres, puisqu'ils ne sauroient échanger ce superflu contre aucune des commodités qui peuvent servir à leur plaisir ou à leur vanité. Une habitude de paresse & d'indifférence prévaut naturellement. La plus grande partie des terres demeure sans culture. Ce qui est cultivé ne produit pas autant que la bonté du sol le comporteroit par manque de savoir & d'assiduité de la part des Fermiers. Toutes les fois que la nécessité exige que le plus grand nombre des hommes soient employés pour le service public, le travail de ceux qui cultivent la terre ne peut pas fournir ce superflu nécessaire pour faire vivre ceux qui défendent le Pays. Les Laboureurs n'ont aucun moyen pour augmenter tout à coup leur savoir & leur industrie. Des Terres qui étoient en friche ne sont en état de rapporter qu'au bout de quelques années. Pendant ce tems il faut que les Armées fassent des conquêtes violentes & soudaines, ou qu'elles se séparent faute de subsistance. On ne peut donc attendre de pareils Peuples une attaque ou une défense régulieres ; & leurs Soldats doivent être auſſi peu induſtrieux & auſſi ignorans que leurs Fermiers & leurs Manufacturiers.

Toute choſe dans le monde s'achete par le travail, & nos paſſions ſont les ſeules cauſes du travail. Lorſque les Manufactures & les Arts méchaniques abondent dans une Nation, les Propriétaires des terres, auſſi-bien que les Fermiers, étudient l'Agriculture comme une Science, & redoublent leur induſtrie & leur attention. Le ſuperflu qui provient de leur travail n'eſt pas perdu; il s'échange avec les Manufacturiers, pour ces commodités que le luxe des hommes leur fait déſirer. Par ce moyen la terre fournit beaucoup plus des néceſſités de la vie que ce qui ſuffit à ceux qui la cultivent. Dans des tems de paix & de tranquillité, ce ſuperflu eſt employé à l'entretien des Manufacturiers & de ceux qui perfectionnent les Arts libéraux. Mais il eſt aiſé pour le Public de faire des Soldats de pluſieurs de ces Manufacturiers, & de les entretenir de ce même ſuperflu qui provient de l'induſtrie des Fermiers. Auſſi trouvons-nous que cela arrive dans tous les Gouvernemens civiliſés. Lorſque le Souverain leve une Armée, qu'en arrive-t-il? il impoſe une taxe. Cette taxe oblige tous les gens de ſe retrancher ce qui est le moins nécessaire à leur subsistance. Ceux qui travaillent à ce genre de Commodités, dont on se prive, sont obligés ou à s'enroler dans les Troupes, ou à se tourner eux-mêmes du côté de l'Agriculture ; & par-là forcent quelques Laboureurs à s'engager faute d'emploi.

En approfondissant cette matiere, on reconnoîtra que si les Manufactures augmentent la puissance de l'Etat, c'est seulement en ce que par ce moyen on met en réserve beaucoup de travail & d'une espece que l'on peut faire servir à l'utilité publique, sans priver aucun particulier des nécessités de la vie. Ainsi plus il y a de travail employé audelà des pures nécessités, plus un Etat est puissant, puisque les personnes engagées à ce travail peuvent aisément en être distraites pour le service public. Dans un Etat sans Manufactures, il peut y avoir le même nombre de bras, mais il n'y a pas la même quantité de travail, ni de la même espece. Là tout le travail est employé aux nécessités qui n'admettent point de diminution ou n'en comportent que bien peu.

Ainsi la grandeur du Souverain & le bonheur de l'Etat ont beaucoup de relation à l'égard du Commerce & des Manufactures.

C'eſt une méthode violente & impraticable en pluſieurs cas que d'obliger le Laboureur à travailler pour tirer de la terre au-delà de ce que comporte ſa ſubſiſtance & celle de ſa famille. Fourniſſez-lui des Manufactures & des Commodités, & il le fera de lui-même. Après cela il vous ſera facile de prendre une partie de ſon travail ſuperflu & de l'employer au ſervice public. Etant fait au travail, le ſien lui paroîtra moins onéreux, que ſi vous l'obligiez tout à coup à une augmentation de peine ſans aucune récompenſe. Le cas eſt le même à l'égard des autres Membres de l'Etat. Plus le fonds de travail de toute eſpece eſt conſidérable, plus on peut prendre du tas ſans y faire aucune altération ſenſible.

Il faut avouer que les Greniers publics de blé, des Magaſins de draps & des Arſénaux bien fournis, ſont les véritables richeſſes & la force de tout Etat. Le Commerce & l'Induſtrie ne ſont vraiment qu'un fonds de travail, qui dans les tems de paix & de tranquillité, eſt employé aux aiſances & à la ſatisfaction des Particuliers ; mais qui dans les beſoins de l'Etat, peut en partie être converti à l'utilité publique. Si nous pouvions changer une Ville dans une eſpece de

Camp fortifié & communiquer à chaque Habitant affez de ce génie martial & de ce dévouement au bien public, qui font qu'on s'expofe aux plus grandes fatigues pour l'utilité commune, ces affections pourroient à préfent, comme dans les anciens tems, être un aiguillon fuffifant à l'induftrie, & par conféquent fournir ce qui feroit néceffaire au maintien de la Communauté. Il feroit alors avantageux, comme dans les Camps, de bannir le Luxe & les Arts qui en font le foutien, & par des reftrictions fur les équipages & fur les tables, de faire durer les provifions & le fourrage plus long-tems que fi l'Armée étoit furchargée d'un nombre de perfonnes fuperflues. Mais comme ces principes font trop défintéreffés, & trop difficiles à mettre en pratique, il faut néceffairement gouverner les hommes par d'autres paffions, & les animer d'un efprit d'induftrie, de luxe & de cupidité. Le Camp eft dans ce cas chargé d'une fuite fuperflue ; mais les provifions y viennent en plus grande abondance. L'harmonie du tout eft encore confervée, & les penchans naturels à l'homme étant mieux ménagés, les Particuliers, auffi-bien que le Public, trouvent leur compte dans l'obfervation de ces maximes.

La même maniere de raifonner nous fera voir l'avantage du Commerce étranger qui rend à la fois l'Etat plus puiffant & les Sujets plus riches & plus heureux. Il augmente le fonds de travail dans la Nation, & le Souverain peut en convertir la portion qu'il juge nécef-faire au fervice du Public. Le Commerce étranger, par les marchandifes qu'il introduit dans un pays, fournit des matieres pour de nouvelles Manufactures ; & par ce qu'il en fait fortir, il produit un travail dans des Commodités particulieres, qui ne pouvoient pas être confommées au-dedans de l'Etat. Enfin un Royaume qui reçoit & fournit beaucoup, abonde néceffairement plus en travail, dont les chofes de délicateffe & de luxe font fufceptibles, qu'un Royaume qui demeure content de fes productions natu-relles. Il eft par conféquent plus puiffant, auffi-bien que plus riche & plus heureux. Les Particuliers recueillent le bénéfice de ces commodités, en ce qu'elles fatisfont leurs fens & leurs appétits. Le Public y gagne auffi, puifque par ce moyen un grand fonds de travail eft pour ainfi dire enmagafiné pour les befoins de l'Etat : c'eft-à-dire, que les

Manufactures y font ainfi fubfifter un plus grand nombre d'hommes laborieux qu'on peut à la premiere occafion faire paffer au fervice public, fans priver perfonne des né-ceffités, ou même des principales commodités de la vie.

Si nous confultons l'Hiftoire, nous trouverons que dans la plûpart des Nations les Manufactures ne fe font perfectionnées qu'à la fuite du Commerce étranger, & qu'il a donné naiffance au luxe domeftique. On eft beaucoup plus tenté de fe fervir des Commodités étrangeres, dont on peut faire ufage fur le champ, & qui nous font entierement nouvelles, que de s'appliquer à perfectionner les Commodités domeftiques, dont les progrès d'améliorations font toûjours lents, & qui ne nous affectent jamais par leur nouveauté. Le profit eft auffi très-grand à exporter ce qui parmi nous eft fuperflu, & à bas prix, aux Nations étrangeres, dont le fol ou le climat ne font pas favorables à cette commodité. Ainfi les hommes parviennent à connoître les plaifirs du Luxe & les profits du Commerce. Leur délicateffe & leur induftrie une fois éveillées, les engagent à pouffer plus avant, & à perfectionner davantage chaque branche de Commerce intérieur ou extérieur. C'eft à celui qu'un Etat entretient avec l'Etranger qu'il doit cet avantage : c'eſt le ſeul qui puiſſe retirer les hommes de leur indolence léthargique. En offrant à ceux qui compoſent la partie la plus enjoüée & la plus riche de la Nation des objets de Luxe, auxquels ils n'avoient jamais penſé, on fait naître en eux un déſir d'une maniere de vivre plus ſplendide que n'étoit celle de leurs Ancêtres. En même tems le petit nombre de Marchands qui poſſédent le ſecret de ces Importations & Exportations, font des profits exorbitans, & devenant rivaux en richeſſes de l'ancienne Nobleſſe, donnent de l'émulation à d'autres pour devenir leurs rivaux dans le Commerce. L'imitation répand bien-tôt ces Arts : les Manufactures domeſtiques deviennent émules des Manufactures étrangeres dans leurs progrès & font des efforts pour porter le travail des commodités que le climat produit, à toute la perfection dont il eſt ſuſceptible. Le fer & l'acier, en des mains auſſi laborieuſes, deviennent égaux à l'or & aux rubis des Indes.

Lorſque les affaires de la Société font dans cette ſituation, une Nation peut perdre beaucoup de ſon Commerce étranger, & cependant continuer à être grande & puiſſante. Si les Etrangers refufent de prendre une forte de Commodité que nous avions coûtume de leur fournir, il faut ceffer de la travailler ; les mêmes mains fe tourneront à perfectionner quelques autres commodités, & il faut qu'il fe trouve toûjours des matériaux pour les occuper, jufqu'à ce que chaque Citoyen riche poffède une auffi grande quantité de Commodités domeftiques & portées à un auffi haut point de perfection qu'il le peut défirer, ce qui probablement ne peut jamais arriver. La Chine eft repréfentée comme un des plus floriffans Empires du monde, quoiqu'elle ait peu de Commerce, au-delà de fes Etats (*a*).

J'efpere qu'on ne regardera pas comme une Digreffion fuperflue, fi j'obferve ici que

____

(*a*) *M. Melon a judicieufement remarqué les contradictions où font tombés les Auteurs des defcriptions de la Chine. D'un côté ils affûrent que c'eft une des plus fertiles & des plus abondantes portions de l'Univers, & qu'il n'y a pas un pouce de terre qui ne foit cultivé ; de l'autre l'expofition & le meurtre des enfans qui y font permis, font fondés fur la mifere des Peuples, qui ne peut venir que de ce que les terres ne font pas cultivées, & de ce qu'il y a des fainéans. L'impoffibilité de concilier des faits auffi oppofés doit mettre le Lecteur en garde contre de pareilles Rélations.*

B v

comme la multitude des Arts méchaniques est avantageuse, le grand nombre de personnes qui partagent le bénéfice que produisent ces Arts ne l'est pas moins. Une trop grande disproportion parmi les Citoyens affoiblit l'Etat. Tout homme, s'il est possible, doit joüir des fruits de son travail, dans une pleine possession de toutes les nécessités & de plusieurs des commodités de la vie. Personne ne peut douter qu'une pareille égalité ne soit très-fortable à la nature humaine, & qu'elle ne diminue moins du bonheur du riche, qu'elle n'ajoûte à celui du pauvre. Elle augmente aussi la puissance de l'Etat, & fait que l'on paye avec beaucoup moins de répugnance, toute taxe ou imposition extraordinaire. S'il arrive que les richesses soient possédées par un petit nombre d'hommes, il faut que ceux-ci contribuent considérablement aux nécessités publiques, mais lorsque les richesses sont partagées parmi la multitude, le fardeau devient léger pour chacun & les impositions ne font pas une différence sensible dans la maniere de vivre de qui que ce soit.

Ajoûtons à ceci qu'où les richesses sont dans peu de mains, ceux qui les possédent, ont aussi le pouvoir, & qu'ils s'entendent

pour faire porter aux pauvres tout le fardeau, & les opprimer encore davantage, ce
qui décourage toute induſtrie.

C'eſt dans cette circonſtance que conſiſte
le grand avantage de l'Angleterre, ſur quelque Nation qui ſoit à préſent au monde, ou
dont il ſoit parlé dans l'Hiſtoire. Il eſt vrai
que les Anglois éprouvent quelques déſavantages dans le Commerce étranger par le haut
prix du travail, ce qui eſt en partie l'effet de
la richeſſe de leurs Artiſans, & en partie celui de l'abondance d'argent. Mais comme
le Commerce étranger n'eſt pas le principal objet, il ne doit pas entrer en comparaiſon avec le bonheur de tant de millions d'hommes (*a*);   & quand il n'y au-

---

(*a*) „La culture des terres, & le bien être de
„ceux qui y ſont employés, doivent être le pre-
„mier objet de la Législation. Il n'eſt pas juſte
„que celui qui ſéme ne recuille que pour les au-
„tres, & que celui qui travaille ne joüiſſe pas des
„fruits de ſon labeur.''
„Le Payſan Anglois eſt riche, & jouit avec
„abondance de toutes les commodités de la vie:
„s'il laboure pour le Commerçant, il participe
„comme les autres hommes de ſa Nation aux
„avantages du Commerce. En plus d'un endroit
„le Valet d'un Fermier prend ſon Thé avant que
„d'aller à la charrue.„

roit pas d'autre raiſon pour les attacher au Gouvernement libre ſous lequel ils vivent, celle-ci ſeule ſeroit ſuffiſante. La pauvreté du Peuple eſt une ſuite naturelle, ſinon infaillible, de la Monarchie abſolue ; quoique de l'autre côté, je doute qu'il ſoit toûjours vrai que les richeſſes ſoient une ſuite infaillible de la liberté. Il faut pour cela peut-être des accidens particuliers, & qu'une certaine façon de penſer ſe rencontre avec la liberté. Mylord Bacon rendant compte des grands avantages remportés par les Anglois dans leurs guerres avec la France, les attribue principalement à la ſupériorité d'aiſance & d'abondance dont jouiſſoit le Peuple en Angleterre. Cependant les Gouvernemens des deux Royaumes en ce tems-là étoient à peu près les mêmes. Lorſque les Labou-

---

„On ne peut que louer la ſageſſe du Gouver-
„nement Anglois, qui veille ſi utilement au bon-
„heur de cette claſſe d'hommes, que l'on devroit
„regarder comme la premiere, puiſque c'eſt celle
„qui fait vivre toutes les autres. Un Etat où le
„Payſan eſt à ſon aiſe, ne peut qu'être un Etat
„riche.„
Lettres d'un F R A N Ç O I S, Tome II. Lettre XXXVIII. *ſur l'aiſance où vivent les Payſans d'Angleterre.*

reurs & les Artifans font accoûtumés à travailler pour des gages très-modiques, & à
ne retenir qu'une petite part du fruit de leur
labeur ; il eft difficile pour eux, même dans
un Gouvernement libre, de rendre leur condition meilleure, ou de confpirer entre eux
pour faire hauffer leurs gages. Mais même
lorfqu'ils font accoûtumés à une vie plus
aifée, il eft facile aux riches dans un Gouvernement defpotique de confpirer contre
eux & de rejetter fur eux tout le fardeau
des taxes.

Qui diroit que la pauvreté du Peuple en
France, en Italie & en Efpagne eft dûe en
partie à la fupériorité de richeffe du fol & à
l'excellence du climat, auroit l'air d'avancer
une propofition fort étrange ; & cependant
il feroit aifé de trouver beaucoup de raifons
pour juftifier ce paradoxe.

Dans un pays auffi riche que ceux de ces
régions plus méridionales, l'Agriculture eft
un Art facile & un homme avec deux mauvais chevaux, eft en état dans une faifon, de
cultiver affez de terre pour payer une rente
même confidérable au Propriétaire. Tout
l'Art que le Fermier connoît eft de laiffer la
terre repofer un an, auffi-tôt qu'elle eft
épuifée: la chaleur du Soleil feul, & la tem-

pérature du climat, l'enrichiſſent & lui rendent ſa fécondité. De ſi pauvres Laboureurs
n'eſperent de leur travail que leur ſimple
ſubſiſtance; ils n'ont ni fonds, ni richeſſes,
dont ils puiſſent attendre davantage, & en
même tems ils ſont pour jamais dans la dépendance de leur Seigneur, qui ne fait
point avec eux de bail pour la terre, & qui
ne craint pas qu'elle dépériſſe par leur mauvaiſe maniere de la cultiver. En Angleterre la terre eſt riche, mais d'une culture
difficile & très-coûteuſe; elle ne produit
que de petites récoltes lorſqu'elle n'eſt pas
travaillée avec ſoin, & par une méthode
qui ne rapporte le profit entier, que dans
le cours de pluſieurs années. Ainſi un
Fermier en Angleterre doit avoir un fonds
conſidérable & un long bail, qui lui rendent des profits proportionnés. Les belles vignes de Champagne & de Bourgogne,
qui rapportent ſouvent au Propriétaire au-
delà de cinq livres Sterling par acre, ſont
ſouvent cultivées par des Payſans qui à peine
ont du pain. La raiſon en eſt que ces Vig-
nerons n'ont beſoin, pour cultiver la terre,
que de leurs membres & de quelques outils
qu'ils peuvent avoir pour vingt ſchelings.
Les Fermiers ſont communément un peu

plus à leur aife dans ces pays-là: mais ceux qui engraiffent le bétail font de tous les hommes qui vivent de la culture de la terre, ceux qui font le plus à leur aife. La raifon en eft toûjours la même, les profits doivent être proportionnés à la dépenfe & aux hafards que l'on court. Par-tout où un nombre auffi confidérable de ceux qui cultivent la terre, comme les Laboureurs & les Fermiers, font fi mal à leur aife, il faut que le refte partage leur pauvreté, foit que le Gouvernement de la Nation foit Monarchique ou Républicain.

Nous pouvons faire une remarque femblable à l'égard de l'Hiftoire générale du Genre humain. Quelle eft la raifon pourquoi les Peuples qui habitent entre les Tropiques, n'ont encore pû parvenir à aucun Art, ni fe civilifer, pas même atteindre à aucune police dans leur Gouvernement & à aucune difcipline militaire, tandis que peu des Nations dans les climats tempérés ont été entierement privées de ces avantages. Il eft probable qu'une caufe de ce phénomene eft la chaleur toûjours égale du climat fous la Zone Torride, qui fait que les Habitans ont moins de befoin de vêtemens & de maifons, & qui par-là éloigne cette néceffi-

té, qui eſt le grand éperon de l'induſtrie &
de l'invention : *Curis acuens mortalia corda.*
Outre que moins les Peuples ont de biens &
de poſſeſſions de cette eſpéce, moins il doit
arriver de querelles parmi eux, & par conſéquent moins ils ont beſoin d'une police
établie, ou d'une autorité réguliere, pour
les protéger & les défendre, ſoit des Ennemis
étrangers, ſoit les uns des autres.

❦ ❦ ❦ ❦ ✿ ❦ ❦ ❦ ❦

DISCOURS II.

Du Luxe.

Le Luxe eſt un mot dont la ſignification eſt très-incertaine, & qui peut être pris dans un bon, auſſi-bien que dans un mauvais ſens. En général il ſignifie une grande recherche dans ce qui peut flatter les ſens, & cette recherche peut être portée à un point innocent ou blâmable, ſuivant l'âge, le pays, ou la condition de la perſonne (*a*). En ceci, comme dans les autres ſujets de Morale, on ne peut fixer exactement les limites entre le vice & la vertu. Il n'entrera jamais dans une tête qui ne ſera pas dérangée par les accès d'un enthouſiaſme fanatique, d'imaginer que ce ſoit un vice que d'accorder quelque choſe à ſes ſens, ou de ſe permettre quelque délicateſſe dans les mets, ou dans la boiſſon. A la vérité, j'ai

―――――――――――――――――

(*a*) Selon le ſavant Auteur des *Eléments du Commerce* le Luxe doit être défini dans la plus grande préciſion dont il ſoit ſuſceptible, *l'uſage que font les hommes de la faculté d'exiſter agréablement par le travail d'autrui.*

entendu parler d'un Moine, qui à cauſe que les fenêtres de ſa cellule s'ouvroient ſur un très-bel aſpect, fit un pacte avec ſes yeux de ne les jamais tourner de ce coté-là, & de ſe refuſer un plaiſir ſi ſenſuel.

Tel eſt le crime de boire du vin de Champagne ou de Bourgogne, préférablement à la petite bière ou à la bière commune. Ces délicateſſes ne ſont des vices que lorſqu'on s'y livre aux dépens de quelque vertu, comme la libéralité ou la charité : c'eſt ainſi qu'elles deviennent des folies, lorſqu'elles ſont cauſe qu'un homme ruïne ſa fortune, & ſe réduit au beſoin & à la mendicité. Lorſqu'elles ne prennent ſur aucune vertu, & qu'elles n'empêchent pas qu'un homme ne ſoit en état de pourvoir aux beſoins de ſes amis & de ſa famille, ou de tout autre objet de généroſité ou de compaſſion, elles ſont entiérement innocentes, & ont été reconnues pour telles dans tous les âges, par preſque tous les Moraliſtes.

Par exemple, c'eſt un défaut qui annonce la foibleſſe de l'eſprit ; c'eſt une marque de ſtupidité groſſiere que de s'occuper uniquement du luxe de la table, ſans être ſenſible aux plaiſirs de l'ambition, de l'étude, ou de la converſation ; c'eſt la preuve d'un cœur

totalement dépourvû d'humanité, que d'aſ-
ſouvir auſſi brutalement ſes ſens, ſans aucun
égard pour ſes amis ou ſa famille. Mais ſi
un homme ſe réſerve aſſez de tems pour
penſer à tout ce qui eſt louable, & un argent
ſuffiſant pour les objets naturels de ſa généroſité, il eſt à l'abri de toute ombre de blâ-
me ou de reproche.

Puiſque le Luxe peut être conſidéré ou
comme innocent, ou comme blâmable, on
doit être étonné de ces opinions déraiſon-
nables, qui ont été ſoûtenues pour ou contre. Tandis que des hommes de principes
diſſolus louent juſqu'au Luxe vicieux, & le
repréſentent comme très-avantageux à la Société, (a) d'un autre côté, ceux d'une Mo-

---

(a) L'Auteur de la *Défenſe du Mondain* dont
tant d'autres ouvrages reſpirent une Morale ſi pure, n'a pas moins révolté que ſcandaliſé ſes Lecteurs par la manière indécente dont il y parle du
Télémaque de Mr. de Fénelon. L'Auteur de *l'in-
ſtitution d'un Prince* donne dans un autre éxcès :
un Roy qui voudroit gouverner ſelon les principes de ce Pieux Eccléſiaſtique, bouleverſeroit ſon
Etat & rendroit ſes ſujets malheureux ſans les rendre meilleurs. Un Royaume ne peut, ni ne doit
ſe regler ſur le modèle des Cloitres. Voyez ce
qui eſt dit à ce ſujet dans la Préface des Lettres de

rale févère blâment même le Luxe le plus innocent, & le repréfentent comme la fource de toutes les corruptions, & de tous les défordres qui arrivent dans le Gouvernement civil (*a*). Nous tâcherons ici de corriger ces deux extrèmes, en prouvant premierement que les Siécles de politeffe & de luxe font en même tems les plus heureux & les plus vertueux; fecondement, que partout où le Luxe ceffe d'être innocent, il ceffe auffi d'être avantageux; & que lorfqu'il eft pouffé trop loin, c'eft une qualité pernicieufe, quoiqu'elle ne foit peut-être

---

Mr. Fontenai *fur l'Education des Princes* à Edimburg (Paris) 1746. On en trouve auffi une Edition de la même année à Londres chez Brindley.

(*a*) „Nous voilà conduits à l'examen du Luxe „& de fes Ouvriers: l'objet de tant de vagues „déclamations, qui partent moins d'une faine „connoiffance, ou d'une fage févérité de mœurs, „que d'un efprit chagrin & envieux."
„Si les hommes, &c."
M. MELON, *Chapitre du Luxe*. Voici comme il le définit quelques lignes après. „Le Luxe „eft une fomptuofité extraordinaire que donnent „les richeffes & la fécurité d'un Gouvernement; „c'eft une fuite néceffaire de toute Société bien „policée."

pas celle qui l'eſt le plus à la Société politique.

Pour prouver le premier point, nous
n'avons qu'à conſidérer les effets du Luxe
ſur la vie privée & publique. La félicité humaine, ſelon les notions les plus
reçues, paroît conſiſter en trois choſes; l'action, le plaiſir, & le repos : ce ſont, pour
ainſi dire, trois ingrédiens qui doivent être
mêlés en différentes proportions, ſuivant les
diſpoſitions particulieres des perſonnes; mais
ſi l'un des trois manque totalement à ce mêlange, il ne peut plus être goûté, ni par con-
ſequent produire ſon effet. Le repos, à la
vérité, ne paroît pas par lui-même contribuer beaucoup à notre jouïſſance; mais ainſi
que le ſommeil il y eſt néceſſaire (a). C'eſt

____

(a) *Un des premiers Philoſophes de ce ſiécle, &*
celui de tous qui, ayant le mieux étudié la Nature,
nous en a donné la connoiſſance la plus parfaite, M.
DE BUFFON, *fait enviſager le Sommeil ſous une*
face toute nouvelle, & qui n'en eſt pas moins vraie.
Je cite ſes propres paroles, parce que d'ordinaire en
ce qu'il écrit, il n'y a rien à ajoûter, ni à retrancher.
„Dans l'animal l'état de Sommeil n'eſt donc pas
„un état accidentel, occaſionné par le plus ou le
„moins grand exercice de ſes fonctions pendant la
„veille; cet état eſt au contraire une maniere

un relâchement qu'exige la foiblesse de la nature humaine qui ne peut supporter un cours non interrompu d'affaires ou de plaisirs : cette marche prompte des esprits qui enleve un homme à lui-même, & qui cause sa satisfaction, les fatigue & les épuise; elle demande quelque intervalle de repos, qui bien qu'agréable pour un moment, engendre, s'il est trop prolongé, la langueur & la léthargie qui détruisent toute jouïssance.

„d'être essentielle & qui sert de base à l'économie „animale. C'est par le sommeil que commence „notre existence ; le fœtus dort presque conti„nuellement & l'enfant dort beaucoup plus qu'il „ne veille. ”

„Le Sommeil qui paroît être un état purement „passif, une espece de mort, est donc au con„traire le premier état de l'animal vivant, & le „fondement de la vie ; ce n'est point une priva„tion, un anéantissement, c'est une manière d'ê„tre, une façon d'exister tout aussi réelle & plus „générale qu'aucune autre : nous existons de cette „façon avant que d'exister autrement ; tous les „Etres organisés qui n'ont point de sens n'existent „que de cette façon, aucun n'existe dans un état „de mouvement continuel, & l'existence de tous „participe plus ou moins à cet état de repos.”

Discours sur la Nature des Animaux, Histoire Naturelle, Tome IV.

L'Education, la Coûtume & l'Exemple ont une puissante influence pour déterminer la façon de penser de l'esprit, & il faut avouer que tout ce qui porte à l'action & au plaisir favorise d'autant plus la félicité humaine. Dans les tems où l'Industrie & les Arts fleurissent, les hommes sont entretenus dans une occupation continuelle, & jouïssent, comme de leur récompense, de cette occupation même, aussi-bien que de ces plaisirs qui sont le fruit de leur travail. L'Esprit acquiert une nouvelle vigueur, étend ses puissances & ses facultés, & par l'exercice assidu d'une industrie utile, satisfait ses appétits naturels & prévient la naissance de ces appétits extravagans, qui communement prennent racine chez les personnes nourries dans l'aisance & dans la paresse. Bannissez ces Arts de la Société, vous priverez les hommes de l'action (*a*) & du plaisir, & ne

---

(*a*) „Les Hommes affranchis des besoins ne „travaillent que pour satisfaire les différentes cu-„pidités de leur amour-propre. Bornez-les au „nécessaire, vous découragez l'industrie, vous fai-„tes tomber les Arts, vous changez les mœurs; „en un mot, vous réduisez presque les hommes „à la condition des Sauvages. Alors ce n'est pas „la peine de s'unir en Société, & de bâtir des Villeur laissant que le repos pour les remplacer, vous détruisez même le goût du repos, qui n'est jamais agréable que quand il succede au travail, & qu'il rétablit les esprits épuisés par trop d'application & de fatigue.

Un autre avantage de l'industrie & du rafinement dans les Arts méchaniques, est que communement les Arts libéraux s'en ressentent eux-mêmes : les uns ne peuvent être portés à la perfection, sans que les autres ne fassent aussi quelques progrès sensibles. Le même siécle qui produit de grands Philosophes & de grands Politiques, des Généraux & des Poëtes fameux, abonde aussi d'ordinaire en Ouvriers habiles & en bons Constructeurs de vaisseaux. On ne doit pas s'attendre que dans une Nation où l'Astronomie est ignorée & la Morale négligée, il se trouve des Ouvriers capables de fabriquer une piéce de drap dans le degré de perfection dont elle est susceptible. L'Esprit du siécle se communique à tous les Arts. Le génie des hommes n'est pas plutôt tiré de

„les, nous n'avons qu'à aller vivre dans les „Forêts."

Lettres d'un François, Tome II. Lettre LX. sur le Luxe.

cette fatale léthargie qui l'engourdit, qu'il fermente, pour ainsi dire, s'agite, se tourne de tous côtés, & perfectionne tous les Arts & toutes les Sciences. L'ignorance profonde est entiérement bannie, & les hommes jouïssent du privilége de créatures raisonnables, de penser aussi-bien que d'agir, de cultiver les plaisirs de l'esprit aussi-bien que ceux du corps.

Plus ces Arts polis approchent de leur perfection, plus les hommes deviennent sociables, & il n'est pas possible que lorsqu'ils sont enrichis par les Sciences & qu'ils ont acquis un fonds de conversation, ils se contentent de demeurer dans la solitude, ou de vivre avec les Habitans du même lieu, comme font les Nations ignorantes & barbares. Ils se rassemblent dans les Villes; ils aiment à recevoir ou à communiquer les connoissances, à montrer leur esprit, ou leur politesse, leur goût dans la conversation ou dans la manière de vivre, dans les habillemens ou dans les équipages (*a*).

(*a*) „Les Hommes, par une émulation natu-
„relle, dépensent plus à proportion qu'ils habi-
„tent des endroits plus peuplés. Seuls, ils se
„négligent, ils s'abandonnent à une vie plus sou-

Le sage est attiré par la curiosité, le fou par la vanité, tous les deux le sont par le plaisir. Il se forme de toutes parts des Sociétés particulieres : le Commerce aisé des deux Sexes adoucit & polit les mœurs; de manière qu'outre les avantages que les hommes retirent des Sciences & des Arts libéraux, il est impossible qu'ils n'éprouvent une augmentation d'humanité, de l'habitude même de converser ensemble, & de contribuer aux amusemens & aux plaisirs les uns des autres. Ainsi l'industrie, la connoissance & l'humanité, sont liées ensemble par une chaîne indissoluble; & c'est principalement dans les siécles de Luxe & de Politesse qu'on les trouve, comme l'ex-

---

„vent grossière que simple, parce qu'ils n'ont de-
„vant les yeux aucun objet qui aiguillonne leur
„amour-propre."
　„Il faut trop de vertu, pour renoncer aux avan-
„tages que les richesses donnent sur les autres.
„On ne les posséde point indifféremment. Les
„uns les accumulent par une folle cupidité; les
„autres les prodiguent par vanité ridicule. A
„voir les Hommes toûjours donner dans les excès,
„ils semblent qu'ils n'aient que le choix des
„vices."
Lettres d'un François, *ibid.*

périence, aussi-bien que la raison, le dé-
montrent.

Au reste ces avantages ne font pas ac-
compagnés de défavantages qui leur foient
proportionnés en aucune forte. Plus les
hommes rafinent fur le plaifir, moins ils fe
livrent aux excès de quelque efpèce qu'ils
foient, parce que rien ne détruit plus le véritable plaifir que de pareils excès. On
peut bien affûrer que les Tartares tombe-
ront plus fouvent dans une gloutonnerie
animale, lorfqu'ils fe régalent de la chair
de leurs chevaux morts, que les Courtifans
d'Europe, au milieu de tous les rafinemens
de la Cuifine moderne : Et fi l'amour li-
bertin, ou même l'infidélité dans le maria-
ge, font plus fréquens dans les fiécles polis, où l'un & l'autre ne paffent que pour
galanterie ; l'yvrognerie, d'un autre côté,
eft beaucoup moins commune, vice plus
odieux & plus pernicieux & pour l'efprit &
pour le corps (*a*). Je prendrois volontiers

(*a*) „C'eft peut-être le Luxe qui a banni des
„Villes & de l'Armée l'yvrognerie, autrefois fi
„commune, & bien plus nuifible pour le corps
„& pour l'efprit. En effet elle femble s'être reti-

pour guarants de ce que j'avance non feulement un Ovide ou un Pétrone, mais un Se-
neque ou un Caton.　Nous favons que Céfar, durant la Confpiration de Catilina,
étant obligé de remettre un billet qui dé-
couvroit une intrigue avec Servile fœur de
Caton, à Caton même:　ce févère Philofophe le lui rejetta avec indignation, &
dans l'amertume de fa colère lui donna le
nom d'yvrogne, comme un terme plus ou-
trageant que celui qu'il auroit pû lui appliquer avec plus de juftice.

L'induftrie, la connoiffance & l'humanité ne font pas feulement avantageufes dans
la vie privée;　elles répandent encore leur
influence bienfaifante fur le Public:　& autant par leur moyen les Particuliers deviennent riches & heureux, autant elles rendent
le Gouvernement grand & floriffant. L'augmentation & la confommation des denrées,
& de tout ce qui fert à l'ornement & au
plaifir de la vie, font extrèmement utiles à
la Société, parce qu'en même tems qu'elles
multiplient ces agrémens innocens pour les

„rée dans les Campagnes, où le Luxe n'eft pas
„encore arrivé.”
　M. Melon, *Chapitre du Luxe.*

Particuliers, elles font une efpéce de magafin de travail, qui dans les befoins de l'Etat, peut être employé au fervice public. Dans une Nation où perfonne ne recherche ces fuperfluïtés, les hommes tombent dans l'indolence, perdent tout goût pour la vie, & font inutiles au Public, qui ne peut foûtenir fes Flottes & fes Armées du produit de l'induftrie de Membres auffi pareffeux.

Les limites de tous les Royaumes de l'Europe font à peu près les mêmes qu'elles étoient il y a deux cens ans : mais quelle différence fe trouve à préfent dans la puiffance & la grandeur de ces Royaumes, qu'on ne peut attribuer qu'à l'augmentation qui eft arrivée dans les Arts & dans l'induftrie ! Lorfque Charles VIII. Roi de France, envahit l'Italie, il conduifit avec lui environ vingt mille hommes ; & cependant cet armement, comme nous l'apprenons de Guicciardin, épuifa tellement la Nation, que de quelques années elle ne fut en état de faire un auffi grand effort. Le dernier Roi de France, en tems de guerre, avoit à fa folde au-deffus de quatre cens mille hommes (*a*) ;

─────────────────────

(*a*) L'Infcription de la Place Vendôme dit quatre cens quarante mille.

quoique depuis la mort du Cardinal Mazarin jusqu'à la sienne, ce Prince ait été engagé dans une suite de guerres qui durerent près de quarante ans.

Cette industrie augmente beaucoup par les connoissances inséparables des siècles d'Arts & de Luxe, comme de l'autre coté les connoissances font que l'Etat tire un meilleur parti de l'industrie de ses Sujets. Les Loix, l'Ordre, la Police, la Discipline ne peuvent être perfectionnées à certain degré avant que la raison humaine le soit elle-même par l'expérience & par une application aux Arts les plus communs, du moins à ceux du Commerce & des Manufactures. Peut-on s'attendre qu'un Gouvernement sera bien réglé par un Peuple qui ne fait pas faire un Rouet, ou se servir avantageusement d'un Métier ? Sans parler de la superstition qui infeste tous les siécles d'ignorance, & qui détourne en même tems le Gouvernement de son objet, & les hommes de leur intérêt & de leur bonheur.

La connoissance dans le grand art du Gouvernement engendre naturellement la douceur & la modération, en instruisant les hommes des avantages des maximes humaines, sur celles de rigueur & de sévérité qui entrainent les Sujets dans la révolte ; Otez tout efpoir de pardon, vous rendez impraticable le retour à la foûmiffion. Lorfque les connoiffances font perfectionnées, & que les mœurs font adoucies, cette humanité paroît encore bien davantage ; elle eft le principal caractère qui diftingue un fiécle poli des tems de barbarie & d'ignorance. Les factions font alors moins turbulentes, les révolutions moins tragiques, l'autorité moins févère, & les féditions moins fréquentes. Les guerres étrangeres même deviennent moins cruelles : fur le champ de bataille où l'honneur & l'intérêt endurciffent les hommes contre la pitié, auffi-bien que contre la peur, les Combattans après l'action fe dépouïllent de leur férocité & redeviennent des hommes (a).

(a) *L'Auteur auroit pû en citer un exemple frappant de nos jours. Après la Bataille de Fontenoy, les Vaincus furent traités avec une humanité qui fit autant d'honneur aux Vainqueurs que la victoire même. D'un autre côté, ceux de nos François qui par les hafards de la guerre ont été prifonniers en Angleterre, y ont éprouvé cette même humanité de la part d'une Nation que la France fe fait gloire d'avoir pour rivale en générofité.*

On ne doit point craindre que ces hommes en perdant cette férocité perdent auſſi l'eſprit martial, ou deviennent moins courageux & moins ardens à la défenſe de leur Patrie ou de leur liberté. L'effet des Arts n'eſt pas d'énerver l'eſprit & le corps ; ils reçoivent au contraire l'un & l'autre une nouvelle force de l'induſtrie qui eſt la compagne inſéparable des Arts. Si la colère, qui aiguiſe le courage, perd par la politeſſe quelque choſe de ſon âpreté, un ſentiment d'honneur, qui eſt un principe plus fort, plus conſtant, & plus aiſé à gouverner, acquiert une nouvelle vigueur par cette élévation de génie que donnent les connoiſſances & une bonne éducation. Ajoûtons à ceci que le courage ne peut ni durer, ni être de quelque uſage ; lorſqu'il n'eſt pas accompagné de la diſcipline & du ſavoir militaire, qui ſe trouvent rarement parmi un Peuple barbare. Les Anciens ont remarqué que *Datames* (*a*) a été le ſeul Barbare qui ait jamais ſû l'art de la Guerre. *Pirrhus* voyant les Romains ranger leur Armée en bataille

---

(*a*) Ceux qui ne connoiſſent pas ce Général d'armée, peuvent conſulter *Cornelius Nepos*, *Vies des Généraux d'armée*, *Chapitre CXIV.*

avec

avec quelque art & quelque habileté, dit avec étonnement : *Ces Barbares n'ont rien de Barbare dans leur discipline.*

On doit observer que comme les anciens Romains en s'appliquant uniquement à la guerre, ont été les seuls Peuples non policés, qui aient eû une discipline militaire, de même les Italiens modernes sont parmi les Européens le seul Peuple civilisé qui ait jamais manqué de courage & d'un esprit guerrier. Ceux qui voudroient attribuer cette mollesse des Italiens à leur luxe, à leur politesse, ou à leur goût pour les Arts, n'ont qu'à considérer les François & les Anglois, dont la bravoure est aussi incontestable, que leur amour pour le Luxe & leur application au Commerce. Les Historiens Italiens donnent une raison plus satisfaisante de cet abâtardissement de leurs Compatriotes. Ils nous montrent comment les Souverains d'Italie ont tous à la fois laissé reposer leur épée, tandis que l'Aristocratie Vénitienne étoit toûjours sur ses gardes contre ses Sujets; que la Démocratie Florentine s'appliquoit uniquement au Commerce, & que Rome étoit gouvernée par des Prêtres & Naples par des Femmes. La Guerre devint alors l'affaire des Soldats de fortune qui s'épargnoient l'un l'autre, & qui au grand étonnement du monde, pouvoient employer des jours entiers à ce qu'ils appelloient des batailles, & rentrer le soir dans leur Camp sans qu'il y eût eu la moindre effusion de sang.

Ce qui a le plus induit plusieurs Moralistes à déclamer contre le Luxe & la délicatesse dans les plaisirs, est l'exemple de l'ancienne Rome qui, joignant à sa pauvreté & à sa rusticité, la vertu & l'amour de la Patrie, s'est élevée à un point si étonnant de grandeur & de liberté, & qui depuis, ayant pris des Provinces qu'elle avoit conquises le Luxe de la Grece & de l'Asie, est tombée dans toute sorte de corruption ; d'où sont nées les séditions & les guerres civiles, suivies à la fin de la perte totale de sa liberté. Tous les Auteurs Classiques qu'on nous donne à lire dans notre enfance sont pleins de ces sentimens, & attribuent universellement la ruïne de leur état aux Arts & aux richesses que les Romains tirèrent de l'Orient, tellement que Salluste représente le goût pour la Peinture, comme un vice comparable à la dissolution & à l'yvrognerie. Ces sentimens étoient si communs durant les derniers tems de la République, que cet Auteur loue à chaque page l'ancienne

& rigide vertu Romaine, quoiqu'il fût lui-
même l'exemple le plus frappant du Luxe
& de la corruption moderne ; parle avec
mépris de l'éloquence Grèque, quoique lui-
même, l'Ecrivain du monde le plus élégant ;
se permet même à ce sujet, des digressions
& des déclamations déplacées, quoiqu'un
modèle de goût & de correction.

Mais il seroit aisé de prouver que ces
Ecrivains se sont trompés sur la cause des
désordres de la République Romaine, en
attribuant au Luxe & aux Arts, ce qui venoit d'un Gouvernement mal réglé & de l'é-
tendue illimitée de leurs conquêtes. Le
Luxe, ou le rafinement sur le plaisir n'engendrent pas nécessairement la vénalité &
la corruption. Le prix que tous les hommes mettent à une sorte de plaisir dépend de
la comparaison & de l'expérience (*a*). Un

(*a*) „Celui qui se trouve dans l'abondance veut
„en jouïr ; il a là-dessus des recherches que le
„moins riche n'est pas en état de payer, & cette
„recherche est toûjours rélative aux tems & aux
„personnes. Ce qui étoit Luxe pour nos Peres
„est à présent commun ; & ce qui l'est pour nous
„ne le sera pas pour nos Neveux. Des bas de
„soie étoient Luxe du tems de Henri II. & la
„fayance l'est autant, comparée à la terre com-

Porteur de chaise n'est pas moins avide d'argent, qu'il dépense à acheter du lard & de l'eau-de-vie, qu'un Courtisan qui a sur sa table du vin de Champagne & des Ortolans. Les Richesses sont estimables dans tous les tems & pour tous les hommes, parce que c'est par elles qu'ils obtiennent les plaisirs qu'ils désirent & auxquelles ils sont accoûtumés. Rien ne peut restraindre ou régler l'amour d'argent qu'un sentiment d'honneur & de vertu, qui, s'il n'est pas égal dans tous les tems, sera naturellement plus commun dans les siécles de luxe & de lumiere.

De tous les Royaumes de l'Europe, la Pologne paroît celui qui est le plus défectueux dans les Arts de la guerre, aussi-bien que dans ceux de la paix, dans les Arts méchaniques, comme dans les Arts libéraux; c'est cependant le pays où la vénalité & la corruption prévalent le plus. Les Nobles semblent n'avoir conservé leur Couronne élective que pour la vendre réguliérement à celui qui la met à un plus haut prix; c'est presque la seule espèce de Commerce que ce Peuple connoisse.

„mune, que la porcelaine comparée à la „fayance."

M. MELON, *Chapitre du Luxe.*

Les Libertés de l'Angleterre, bien loin de déchoir depuis l'origine du Luxe & des Arts, n'ont jamais fleuri davantage que dans ces tems où la Nation a joüi de ces fruits agréables de son Commerce ; & quoique la corruption paroisse augmenter depuis quelques années, on doit l'attribuer principalement à la Liberté établie parmi nous, qui fait que nos Princes ont trouvé également impossible de nous gouverner sans Parlemens, ou d'épouvanter les Parlemens par le fantôme de leur Prérogative. Je pourrois ajoûter que cette corruption ou vénalité prévaut beaucoup plus parmi ceux qui choisissent, que parmi ceux qui sont choisis, & que par conséquent on ne peut l'attribuer avec justice à aucun excès de Luxe.

Si nous considérons la chose dans son vrai point de vûe, nous trouverons que le Luxe & les Arts sont plutôt favorables à la Liberté, & qu'ils tendent naturellement à soûtenir un Gouvernement libre, si non à le produire. Dans les Nations grossières & non civilisées, où les Arts sont négligés, tout le travail est borné à la culture de la terre & toute la Société se partage en deux classes, les Propriétaires de la terre & leurs Vassaux ou Fermiers. Les derniers sont nécessairement dépendans & dreſſés à la ſujétion & àl ’eſclavage, dans les pays ſur-tout où ils ne poſſédent aucunes richeſſes, & où ils ne ſe rendent pas recommandables par leurs connoiſſances dans l’Agriculture, comme il faut que cela arrive par-tout où les Arts ſont négligés. Les premiers s’érigent naturellement en petits Tyrans ; & il faut, ou qu’ils ſe ſoûmettent à un Maître abſolu pour l’amour de la paix & de l’ordre, ou s’ils veulent conſerver leur indépendance, de même que *les Barons Gothiques*, ils tombent néceſſairement dans des inimitiés & dans des querelles entre eux, qui jettent toute la Société dans une telle confuſion, qu’elle eſt peut-être pire que le Gouvernement le plus deſpotique. Mais où le Luxe nourrit le commerce & l’induſtrie, les Payſans par une culture convenable de la terre, deviennent riches & indépendans ; tandis que les Négocians & les Marchands acquièrent une partie de propriété, & attirent de l’autorité & de la conſidération à cet ordre moyen des hommes, qui ſont la meilleure & la plus ferme baſe de la liberté publique. Ceux-ci ne ſe ſoûmettent pas à l’eſclavage, comme de malheureux Payſans, par la pauvreté & la foibleſſe de leur eſprit: N’ayant aucune eſpérance de tyranniser les autres, comme les *Barons*, ils ne sont pas tentés pour se procurer cette satisfaction, de se soûmettre à la tyrannie de leur Souverain, Ils ne demandent que des Loix équitables qui leur assûrent leurs possessions, & qui les garantissent de la tyrannie Monarchique, aussi-bien que de l'Aristocratique.

La Chambre des Communes est le soûtien de notre Gouvernement populaire, & tout le monde sait qu'elle doit sa principale influence & sa considération à l'augmentation du Commerce, qui a fait passer dans les mains des Communes une si grande partie des richesses de la Nation. Combien n'est-il donc pas inconséquent de déclamer avec tant de violence contre le Luxe & le goût des Arts, & de les représenter comme le poison de la Liberté & de l'amour du bien public?

Rien n'est plus ordinaire que de blâmer les tems présens & d'élever la vertu de nos Ancêtres: c'est un penchant presque inhérent à la nature humaine; & comme les opinions & les sentimens des siécles polis sont les seuls qui passent à la Postérité. il arrive de-là que nous trouvons tant de jugemens sévères contre le Luxe & même contre les Sciences, &

D iiij

qu'aujourd'hui encore nous y applaudiſſons ſi conſidérément (*a*).   Mais il eſt aiſé d'en

---

(*a*) *Ce Diſcours & le Chapitre de M. Melon ſur le Luxe, ſuffiſent pour faire ſentir tout le ridicule de ces vaines déclamations contre les Sciences, dont les avantages ſont tellement reconnus en France, par rapport au bonheur de la Société, en ce qui intéreſſe les Mœurs, comme en ce qui regarde la Politique, que l'amour du Paradoxe, & l'eſprit de ſingularité peuvent ſeuls avoir dicté ces Ecrits, qui ont paru depuis peu, où l'on a prétendu établir le ſyſtème contraire, & qui ſe trouvent ſi bien réfutés dans ce Diſcours. Il ſeroit une queſtion bien ſimple à faire à ceux qui trouvent encore les Sciences ſi dangereuſes : ce ſeroit de leur demander de qui l'on doit attendre le plus de vertu, du plus ignorant, ou du plus éclairé de tous les hommes. C'eſt ainſi qu'on affecte de paroître ſingulier, afin de paſſer pour Philoſophe : on a d'autant plus de raiſon de ſe le promettre, qu'en effet le Vulgaire s'y trompe, & prend communément l'un pour l'autre ; la ſeule manière de s'habiller ſuffit pour lui en impoſer. Nos Philoſophes prétendus ont recours à cette affectation pour l'avertir du reſpect qu'ils ſuppoſent leur être dû ; c'eſt un uſage qu'ils ont emprunté de ceux de nos voiſins qui ſont les moins Philoſophes d'une Nation qui à juſte titre a la réputation de l'être. Nous devons beaucoup de bonnes choſes aux Anglois ; mais malheureuſement nous ne les prenons pas ſans quelque mélange d'autres, que nous ferions auſſi-bien de leur*

appercevoir la fauſſeté par la comparaiſon de différentes Nations qui ſont Contemporaines : nous jugerons alors avec plus d'impartialité, & nous mettrons mieux en oppoſition ces mœurs qui nous ſont ſuffiſamment connues. La trahiſon & la cruauté, les plus pernicieux & les plus odieux de tous les vices, ne regnent jamais tant que dans les ſiécles groſſiers. Les Grecs & les Romains civili-

---

laiſſer. Le tems n'eſt peut-être pas éloigné où tout homme qui voudra ſe vêtir comme un Quaker ſera ſûr de paſſer pour Philoſophe. Un de ceux de l'Antiquité qui a écrit pour tous les ſiécles & pour toutes les Nations, penſoit bien différemment : Negligere quid de ſe quiſque ſentiat, non ſolùm arrogantis eſt, ſed etiam omnino diſſoluti: *dit Cicéron. Lorſque les Lettres d'un François parurent pour la première fois il y a dix ans, on crut que l'Auteur s'étoit joué dans le portrait qu'il fait à la Lettre IV. des Petits-Maîtres Anglois : on ne s'attendoit pas que ceux de Paris duſſent ſi-tôt les imiter. De combien cependant ceux-ci ne pouſſent-ils pas plus loin le ridicule & l'indécence, dans ces habits qu'ils prennent le matin pour promener l'ennui qui les force de courir les rues, où ils ne font qu'exciter le mépris du Peuple, dont ils attiroient l'envie, & appendre à tout le Public qu'ils ſont également embarraſſés de leur loiſir, de leurs richeſſes & du vuide de leur eſprit?*

D v

fés les attribuoient à toutes les Nations barbares dont ils étoient environnés.   Ils auroient donc pû préfumer avec juftice que
leurs propres Ancêtres, fi vantés, n'avoient
pas de plus grandes vertus & étoient autant
inférieurs à leur poftérité en honneur & en
humanité, que dans le goût & dans les Sciences.   On peut vanter tant qu'on voudra un
ancien Franc ou Saxon, je crois qu'il n'y a
perfonne qui ne crût fa vie ou fa fortune
moins fûres dans les mains d'un Maure ou
d'un Tartare, que dans celles d'un Gentil-
homme François ou Anglois, le rang des
hommes les plus polis, dans les Nations les
mieux civilifées (*a*).

(*a*) „Voici à quel prix le Luxe étoit banni de
„la Nation dans la premiere Race.   C'eft
„M. l'Abbé de Vertot qui parle:
„*Une vie libre, mais fauvage, des mœurs féroces,*
„*le peu de Commerce avec les Nations policées, l'igno-*
„*rance des commodités, tout contribuoit à éloigner*
„*le Luxe de leurs cabanes ; & nous ne pouvons nous*
„*faire une idée plus nette & plus jufte de ces pre-*
„*miers tems, qu'en les comparant au genre de vie*
„*que mènent aujourd'hui les Hurons & les Iroquois.*
„Cela n'empêche pas l'Auteur de déclamer dans
„cette même Differtation contre le Luxe."
M. MELON, *Chapitre du Luxe.*

Nous venons à préfent à la feconde propofition que nous avons entrepris de prouver, c'eft-à-dire, que comme le Luxe innocent & le rafinement dans le plaifir font avantageux à la Société, de même par-tout où le
Luxe ceffe d'être innocent, il ceffe auffi d'ê-
tre utile, & que lorfqu'il eft porté à un degré plus haut, il commence à être une qualité pernicieufe, quoique ce ne foit pas peut-
être la plus pernicieufe à la Société politique.

Examinons ce que nous appellons un Luxe
vicieux. La dépenfe que l'on fait pour contenter fes appétits n'eft pas en elle-même un
vice: elle le devient, lorfqu'elle abforbe
tout le revenu d'un homme (*a*), & qu'elle
le met hors d'état de remplir fes devoirs &

(*a*) „Je foutiens même que c'eft le traiter trop
„doucement que de dire qu'il donne dans le Luxe;
„puifque quiconque peut fe réfoudre à dépenfer
„au delà de fon revenu eft un vray infenfé." *Com-*
mentaire de la Fable des Abeilles. Toutes les réflexions de l'Auteur de *la Ruche Murmurante* ne
font pas à beaucoup près auffi judicieufes, fi on
luy fait tort de l'accufer d'avoir mêlé éxprès du
poifon au miel de fes prétendües Abeilles, on ne
peut nier du moins qu'il ne s'y en trouve, & que
l'amour du Paradoxe n'ait fait hazarder à cet Ecrivain Anglois des propofitions très-dangereufes.

de faire les actes de générosité que requiè-
rent sa situation & sa fortune. Supposons
qu'il corrige ce vice, & qu'il employe une
partie de sa dépense à l'éducation de ses enfans, à obliger ses amis & à secourir les
pauvres, en résulteroit-il de moindre dommage pour la Société? Au contraire il y auroit la même consommation, & ce travail
qui à présent est employé seulement à procurer une légère satisfaction à un homme,
soulageroit celui qui souffre, & seroit profitable à cent autres. Le soin & le travail
nécessaires pour fournir à Noël un plat de
petits pois, donneroient du pain à toute une
famille pendant six mois (*a*). De dire que

(*a*) „L'exemple du Luxe au plus haut point,
„& même au ridicule, est dans la cherté excessive
„de quelques denrées frivoles que l'homme
„somptueux étale avec profusion dans un repas
„dont il veut faire consister le mérite dans la
„cherté. Pourquoi se récrier sur cette folle dé-
„pense? Cet argent gardé dans son coffre seroit
„mort pour la Société. Le Jardinier le recoit, il
„l'a mérité par son travail excité de nouveau : ses
„enfans presque nuds en sont habillés; ils man-
„gent du pain abondamment, se portent mieux &
„travaillent avec une espérance gaie. Il ne ser-
„viroit aux Mandians qu'à entretenir leur oisiveté
„& leur sale débauche."
M. MELON, *Chapitre du Luxe.*

ſans ce Luxe vicieux, ce travail ne ſeroit point du tout employé, c'eſt dire ſeulement qu'il y a quelqu'autre défaut dans la Nature humaine (comme la pareſſe, l'amour-propre, l'inſenſibilité pour les autres) auquel le Luxe en quelque manière fournit un remède : mais la vertu, comme un aliment ſain, vaut mieux que les poiſons, quoique corrigés.

Je ſuppoſe le même nombre d'hommes, qui ſont à préſent en Angleterre, avec le même ſol & le même climat : je demande s'il n'eſt pas poſſible pour eux d'être plus heureux par la maniere de vie la plus parfaite que l'on puiſſe imaginer, & par la plus grande réforme que la toute-puiſſance même puiſſe opérer dans leurs tempéramens & dans leurs diſpoſitions. Il ſeroit ridicule d'aſſûrer que cela ne ſe peut pas : comme la terre eſt en état de nourrir plus que tous ſes Habitans, dans un Etat ainſi modellé ſur celui d'Utopie, ils ne pourroient ſouffrir d'autres maux que ceux qui naiſſent des maladies du corps, & ceux-ci ne ſont pas la moitié des miſères humaines. Tous les autres maux nous viennent de quelque vice, ou dans nous-mêmes, ou dans les autres, & même pluſieurs de nos maladies procédent

de la même origine. Banniſſez les vices, &
les maux les ſuivront : vous devez ſeulement prendre garde de les extirper tous. Si
vous n'en retranchez qu'une partie, vous
pouvez rendre notre condition pire. En ban-
niſſant le Luxe vicieux, ſans la pareſſe & l'indifférence pour ſon ſemblable, vous ne faites que diminuer l'induſtrie dans l'Etat, &
vous n'ajoûtez rien à la charité ou à la généroſité des hommes. Contentons-nous donc
d'aſſûrer que deux vices oppoſés dans un Etat,
peuvent être plus avantageux qu'aucun des
deux qui y domineroit ſeul, mais ne craig-
nons pas de prononcer que le vice en lui-même n'eſt jamais avantageux. N'eſt-ce pas
une grande inconſéquence dans un Auteur,
que d'avancer dans une page que les diſtinc-
tions morales ont été inventées par les Politiques pour l'intérêt public, & de ſoûtenir à
la page ſuivante que le vice eſt avantageux
au Public (*a*) ? En quelque ſyſtème de
Morale que ce ſoit, il paroit que ce n'eſt
guères moins qu'une contradiction dans les
termes de parler d'un vice qui eſt en général
avantageux à la Société.

(*a*) La Fable des Abeilles.

J'ai cru ce raisonnement néceſſaire pour donner quelque lumière à une queſtion Philoſophique, qui a été fort agitée en Angleterre. Je l'appelle une queſtion Philoſophique & non Politique, car quelle que fût la conſéquence d'une transformation miraculeuſe du Genre humain, par laquelle les hommes ſeroient doués de toute ſorte de vertus, & affranchis de toute eſpèce de vice ; une pareille ſuppoſition ne regarde pas le Magiſtrat, qui ne viſe qu'à ce qui eſt poſſible. Il ne peut guérir chaque vice, qu'en ſubſtituant une vertu à ſa place. Souvent il ne peut remédier à un vice que par un autre ; & en ce cas il doit préférer celui qui eſt le moins pernicieux à la Société (*a*). Le Luxe, lorſqu'il eſt exceſſif,

---

(*a*) On ne peut rien de plus ſage que ce que dit M. MELON à ce ſujet.

„Les étoffes d'or de Lyon, les vins de Bour-„gogne & de Champagne, les volailles de Nor-„mandie & du Maine, les Perdrix & les Truffes „de Périgord, payent les tributs de ces Provinces. „Le Vulgaire ignorant s'irrite de ces folles dépen-„ſes ; l'Homme d'Etat les regarde comme un „effet déſirable d'une cauſe qui en devient moins „mauvaiſe.”

Eſſai ſur le Commerce, *Chapitre de la Balance du Commerce.*

eſt la ſource de pluſieurs maux ; mais en général il eſt préférable à la fainéantiſe & à la pareſſe, qui probablement lui ſuccéderoient, & qui ſont plus dommageables & aux perſonnes particulières & au Public. Lorſque la pareſſe regne, une vie miſérable & groſſière prévaut parmi les Particuliers qui ne jouïſſent de rien, & ſont prèſque ſans ſociété. Dans une telle ſituation, ſi le Souverain a beſoin du ſervice de ſes Sujets, le travail de l'Etat ſuffit ſeulement à fournir le néceſſaire aux Laboureurs. On n'en peut rien tirer pour ceux qui ſont employés au ſervice public.

DISCOURS III.

De l'Argent.

L'Argent n'eſt pas à proprement parler un des objets du Commerce, mais ſeulement l'inſtrument dont les hommes ſont convenus, pour faciliter l'échange d'une commodité contre une autre. Ce n'eſt pas une des roues du Commerce : c'eſt l'huile qui rend le mouvement des roues plus doux & plus facile. Si nous conſidérons un Royaume iſolé, il eſt évident que l'abondance d'Argent plus ou moins grande n'eſt d'aucune conſéquence, puiſque le prix des denrées eſt toûjours proportionné à la quantité de l'Argent.

Avec l'écu que nous appellons *une Couronne*, dans le tems d'Henri VII. on faiſoit tout ce qu'on fait aujourd'hui avec une livre ſterling. C'eſt l'Etat ſeul qui tire quelque avantage de la plus grande abondance d'Argent, & cela uniquement dans ſes guerres & ſes négociations avec les Etats voiſins. C'eſt par cette raiſon que tous les Pays riches & commerçans, depuis Carthage juſqu'à l'Angleterre, & la Hollande ont employé des Troupes mercenaires, qu'elles louent de leurs voifins qui font plus pauvres. Si ces Pays étoient obligés de fe fervir de leur Sujets naturels, ils y trouveroient moins d'avantage par la fupériorité de leurs richeffes, & par leur grande abondance d'Or & d'Argent, puifque les gages de tous leurs Domeftiques doivent hauffer en proportion de l'opulence publique. Notre petite armée de vingt mille hommes en Angleterre coûte autant au Gouvernement, que coûteroit à la France une armée trois fois auffi nombreufe. L'entretien de la Flotte Angloife pendant la derniere guerre coûtoit autant d'argent à la Nation, qu'on en employoit pour maintenir les Légions Romaines, qui tenoient le monde entier dans la fujétion du tems des Empereurs (*a*).

(*a*) Un fimple Soldat dans l'Infanterie Romaine avoit un denier par jour, quelque chofe moins de huit fols. Les Empereurs Romains avoient communément vingt-cinq Légions à leur folde ; ce qui, en comptant cinq mille hommes par Légion, fait cent vingt-cinq mille. *Tacit. Ann. Liv. 4.* Il eft vrai qu'il y avoit auffi des Troupes auxiliaires jointes aux Légions, mais on eft dans l'incertitude fur leur nombre & fur leur paye.

Le plus grand nombre de Peuple, & leur plus grande industrie, sont d'un avantage certain dans tous les cas, au-dedans & au-dehors, dans le particulier & dans le Public. Mais la plus grande abondance d'Argent est

---

A ne parler que des Troupes Légionaires, la paye des simples Soldats ne pouvoit excéder la somme de seize cens mille livres sterling : le Parlement dans la dernière guerre en accordoit communement deux millions cinq cens mille. Nous avons donc neuf cens mille livres sterling de plus pour les Officiers & les autres dépenses que les Légions Romaines. Il paroît qu'il n'y a eu que peu d'Officiers dans les armées Romaines, en comparaison de ce que nous en employons dans nos Troupes modernes, excepté dans quelques Corps Suisses, & ces Officiers avoient une très-petite paye. Un Centurion, par exemple, avoit seulement le double d'un Soldat ordinaire ; & comme les Soldats avec leur paye *(Tacit. Ann. Liv. 1.)* étoient obligés de se fournir d'habits, d'armes, de tentes & de bagage ; cela devoit considérablement diminuer les autres charges de l'armée, tant ce puissant Gouvernement dépensoit peu & tant son joug sur le monde entier étoit aisé, & en vérité, c'est la conclusion la plus naturelle des calculs précédens ; car l'argent, après la conquête de l'Egypte, paroît avoir été à Rome dans une aussi grande abondance qu'il l'est à présent dans les Royaumes les plus riches de l'Europe.

E ij

très-limitée dans ses usages, & peut même quelquefois être nuisible à une Nation dans son Commerce avec les Etrangers. Il paroît y avoir une heureuse concurrence de causes dans les affaires humaines, qui arrête l'augmentation de commerce & de richesses, & qui les empêchent d'être restraintes à un seul Peuple, comme il seroit naturel de le craindre d'abord des avantages d'un Commerce établi. Lorsque dans le Commerce une Nation a pris le dessus sur une autre, il est fort difficile pour la derniere de regagner le terrein qu'elle a perdu, à cause de la supériorité d'industrie de la premiere, & des plus grands fonds, dont ses Marchands sont en possession, qui les met en état de se borner dans le Commerce à de plus petits profits: mais ces avantages sont compensés en quelque sorte par le bas prix du travail dans chaque Nation qui n'a pas un Commerce étendu, & qui n'abonde pas beaucoup en Or & en Argent.   Ainsi les Manufactures petit à petit abandonnent ces Pays & ces Provinces qu'elles ont déja enrichies, & s'établissent en d'autres, où elles sont attirées par le bon marché des provisions & du travail, jusqu'à ce qu'elles aient enrichi celles-ci, & en soient encore bannies par les mêmes causes.

En général, nous pouvons obſerver que la cherté de toute choſe, que produit l'abondance d'Argent, eſt un déſavantage qui ſuit un Commerce établi, & qui y met des bornes dans tous les pays; parce qu'elle fait que les Etats plus pauvres, peuvent vendre à plus bas prix dans tous les Marchés étrangers.

Ce fait m'a jetté dans un grand doute ſur l'utilité des Banques & des papiers de Crédit, qui paſſent ſi généralement pour être avantageux à toute Nation. Que les proviſions & le travail deviennent chers par l'augmentation du Commerce & de l'Argent, c'eſt à beaucoup d'égards un inconvénient ; mais c'en eſt un qu'on ne peut éviter, & qui eſt l'effet de la richeſſe & de la proſpérité publiques, qui ſont le but de tous nos déſirs. Il eſt compenſé par l'utilité que nous rétirons de la poſſeſſion de ces précieux métaux, & par le poids qu'ils donnent à la Nation dans toutes les guerres étrangeres & dans les négociations. Mais je ne vois point de raiſon pour augmenter cet inconvénient, par une monnoie contrefaite que les Etrangers ne veulent pas recevoir, & que quelque grand déſordre dans l'Etat réduiroit à rien. Il y a, à la vérité, beaucoup de gens dans tout Etat riche, qui ayant de grandes ſommes d'argent, préféreront du papier avec de bonnes sûretés, attendu que le transport en est plus aisé, & la garde plus assûrée. Si le Public n'ouvre pas une Banque, les Banquiers particuliers profiteront de cette circonstance, comme faisoient autrefois les Orfèvres à Londres, ou comme font aujourd'hui les Banquiers à Dublin. C'est pourquoi l'on peut penser qu'il est mieux qu'une Compagnie publique jouïsse du bénéfice de ce papier de Crédit, qui aura toujours lieu dans tout Royaume riche. Mais ce ne peut jamais être l'intérêt d'aucune Nation commerçante d'augmenter artificiellement un tel crédit, il doit au contraire en résulter de grands désavantages, en augmentant l'argent au-delà de sa proportion naturelle, avec le travail & les commodités, ce qui par-là en hausse le prix au Marchand & au Manufacturier.

Dans cette vûe il faut avouer qu'aucune Banque ne pourroit être plus avantageuse au Public, que celle où l'on enfermeroit tout l'Argent qui y seroit apporté, & qui n'augmenteroit jamais la monnoie qui circule, comme cela est ordinaire, en remettant une partie de son thréfor dans le Commerce. Une Banque publique par cet expédient rendroit infructueuses beaucoup de manœuvres des Banquiers particuliers & des Agioteurs d'Argent ; & quoique les frais de direction, & autres dépenſes de cette Banque, fuſſent à la charge de l'Etat (car, ſuivant notre premiere ſuppoſition, elle n'en rétireroit aucun profit) l'avantage national réſultant du bas prix du travail & de la deſtruction du papier de Crédit, feroit une compenſation ſuffiſante. Je pourrois ajoûter qu'un Argent ſi conſidérable ſe trouvant toûjours tout prêt, feroit d'une grande reſſource dans des tems de calamité & de danger public, & pourroit être remplacé à loiſir, lorſque la paix & la tranquillité feroient rendues à la Nation.

Mais nous traiterons plus au long ci-après de ce papier de Crédit. Je finirai cet Eſſai ſur l'Argent, en propoſant & en expliquant deux Obſervations qui peuvent exercer l'eſprit de nos Politiques ſpéculatifs ; car dans tous ces Diſcours, c'eſt à eux feuls que je m'adreſſe. C'eſt aſſez que je m'expoſe au ridicule qu'on attache quelquefois en ce ſiécle au caractère de Philoſophe, fans y ajoûter celui que riſque un Donneur de Projets.

C'étoit une remarque aſſez fine du Scythe Anacharſis (a), qui n'avoit jamais vû de

(a) *Quomodo quis ſuos proſpectus in virtute ſentire poſſit.* Plut.

monnoie dans son propre pays; qu'à son avis, l'Or & l'Argent ne pouvoient avoir d'autre usage chez les Grecs que pour les aider à nombrer & à toutes les opérations de l'Arithmétique (*a*). A la vérité, il est évident que

---

(*a*) „Cette opinion que l'Argent a une valeur „intrinsèque numéraire est encore dans bien des „têtes élevées, & même dans de bons écrits."

M. MELON, *Essai Politique sur le Commerce, Chapitre XXV.*

M. LOCK, dans un excellent Ouvrage sur cette matiere, intitulé en Anglois : *Some considerations of the consequences, of the lowering, of interest, and rising, the value, of money,* ne donne pas à l'Argent cette valeur intrinsèque. Celle qu'il lui attribue, quoique de convention, ne laisse pas d'avoir une sorte de réalité, parce que la convention est générale. Voici ses propres paroles: „L'Argent ne sert point au Commerce, simple-„ment comme mesure, ou comme les jettons: il „sert par lui-même de gage & de sûreté; c'est „pourquoi tous les moyens qu'on peut mettre en „œuvre pour le multiplier fictivement, en fabri-„quant des Billets, ne nous empêchent pas d'être „pauvres, mais nous cachent pour quelque tems „notre pauvreté."

C'est conséquemment à ces principes que l'Auteur des *Elémens du Commerce,* après avoir déterminé en quoi consiste la fonction naturelle de l'Argent, comme signe, remarque judicieusement, que la monnoie n'est que la représentation du travail & des denrées, & sert uniquement comme de méthode pour les compter & les estimer. Si l'Argent est dans une plus grande abondance, comme il en faut alors une plus grande quantité, pour représenter la même quantité de biens ; cela ne peut avoir aucun effet, bon ou mauvais, à prendre une Nation à part.

C'est ainsi qu'il n'arriveroit aucune altération aux Livres de compte d'un Marchand, si au-lieu de la manière de calculer des Arabes, qui demande peu de caractères, il faisoit usage de celle des Romains, qui en demande beaucoup. Au contraire, la plus grande quantité d'Argent, comme celle des caractères Romains est plutôt à charge, & demande un plus grand soin, soit pour la garder, soit pour la transporter. Mais malgré cette conclusion que l'on est forcé de reconnoître pour juste, il est certain que depuis la découverte des Mines de l'Amérique, l'industrie a augmenté dans toutes les Nations de

---

par-tout où l'ordre naturel qu'il expose, existe actuellement, l'argent n'est point la mesure des denrées, & qu'au contraire la quantité des denrées mesure le volume du signe. *Capitre XI. de la Circulation de l'Argent.*

E v

l'Europe, excepté parmi les Poſſeſſeurs de ces Mines; & entre autres cauſes, ce fait peut très-bien être attribué à l'augmentation d'Or & d'Argent. En conſéquence, nous trouvons que dans tout Royaume où l'Argent commence à ſe répandre avec plus d'abondance qu'auparavant, toutes choſes changent de face; le travail & l'induſtrie prennent vigueur, le Marchand devient plus entreprenant, le Manufacturier plus ſoigneux & plus habile, & le Fermier même s'attache à ſa charrue avec plus de gaieté & d'attention. Il n'eſt pas aiſé de rendre compte de ceci, ſi nous conſidérons ſeulement l'influence qu'a une plus grande abondance d'Argent, dans le dedans du Royaume, en hauſſant le prix des denrées & en obligeant un chacun pour chaque choſe qu'il achete de payer un plus grand nombre de ces petites pièces jaunes ou blanches. Quant au Commerce étranger, il paroît qu'une plus grande abondance d'Argent eſt plutôt déſavantageuſe, parce qu'elle fait monter plus haut le prix de chaque eſpèce de travail.

Pour rendre compte de ce phénomène, nous devons conſidérer que quoique le haut prix des denrées ſoit une conſéquence néceſſaire de l'augmentation d'Or & d'Argent;

cependant il ne fuit pas immédiatement cet accroiſſement, mais qu'il faut qu'il ſe paſſe quelque tems, avant que l'Argent circule dans tout l'Etat, & faſſe ſes effets ſur toutes les ſortes d'hommes. D'abord on n'apperçoit aucune altération; enſuite le prix d'une denrée augmente, puis celui d'une autre, tant qu'à la fin le tout monte à une juſte proportion, avec la nouvelle quantité d'eſpèce qui eſt dans le Royaume. C'eſt, à mon avis, ſeulement dans cet intervalle, ou ſituation intermédiaire, entre l'acquiſition d'Argent & le hauſſement des prix, que l'accroiſſement de la quantité d'Or & d'Argent eſt favorable à l'induſtrie. Lorſqu'un nouvel Argent eſt apporté dans une Nation, il n'eſt pas auſſitôt diſperſé dans pluſieurs mains, il entre dans les coffres de quelques perſonnes qui cherchent immédiatement à l'employer de la manière la plus avantageuſe. Suppoſons ici qu'une Société de Manufacturiers, ou de Marchands, aient reçu des retours d'Or & d'Argent pour des marchandiſes qu'ils ont envoyées à Cadix : ils ſont par-là en état d'employer plus d'Ouvriers qu'auparavant ; ceux-ci ne penſent jamais à demander des gages plus forts, & ſont trop contens de trouver de l'emploi chez des Maîtres qui les

payent bien.   Si les Ouvriers deviennent ra
res, le Manufacturier leur donne des gages
plus forts; mais il demande d'abord une augmentation de travail à laquelle se soûmet volontiers l'Artisan, qui se procure une meilleure nourriture & une boisson plus agréable
pour compenser le travail & la fatigue qu'il
supporte de plus.   Il porte son argent au
marché, où il trouve toute chose au même
prix qu'auparavant ; mais il revient avec une
plus grande quantité de denrées & de meilleures espéces pour l'usage de sa famille.   Le
Fermier & le Jardinier trouvant que toutes
leurs denrées sont enlevées, travaillent la
terre avec plus d'empressement pour lui faire
produire davantage, & en même tems sont en
état de prendre de leurs Marchands de meilleurs draps & en plus grande quantité, attendu que leur prix est le même qu'auparavant,
& que leur industrie est seulement aiguisée
par ce nouveau gain.   Il est aisé de suivre
l'Argent dans tous les progrès qu'il sait dans
un Etat, & nous trouverons qu'il faut qu'il
éveille d'abord l'activité de chaque Particulier
avant qu'il augmente le prix du travail.

L'espèce peut augmenter à un point considérable, avant que de produire ce dernier
effet ; cela a paru par les fréquentes opéra-

tions du Roi de France fur fa monnoie, où l'on a toûjours trouvé que l'augmentation de la valeur numéraire n'a pas fait du moins de quelque tems hauffer en proportion le prix des denrées. Dans la derniere année de Louis XIV. les monnoies furent augmentées de trois feptièmes ; le prix des denrées ne le fut que d'un. Le blé en France fe vend à préfent au même prix, ou pour le même nombre de livres qu'en 1683. quoique l'Argent fût alors à trente livres le marc, & qu'il foit à préfent à cinquante (*a*), fans parler

---

(*a*) Je donne ces faits fur l'autorité de M. Du Tot, dans fes *Réflexions Politiques*, quoique je fois obligé d'avouer que les faits qu'il avance en d'autres occafions font fi fouvent fufpects, qu'ils diminuent fon autorité dans cette matiere. Cependant l'Obfervation générale que l'augmentation des monnoies en France, n'augmente pas d'abord à proportion le prix des denrées, eft certainement jufte.

C'eft, ce me femble, une des meilleures raifons que l'on puiffe donner de l'augmentation graduelle & univerfelle de l'Argent, quoiqu'on n'en ait fait aucune mention dans tous ces volumes, qui ont été écrits par Meffieurs Melon, Du Tot, & Paris Duverney. Si, par exemple, on refondoit toute notre monnoie, & que l'on retranchât un fou de chaque fcheling. Probablement, on auroit

de l'addition confidérable d'Argent qui peut être arrivé dans le cours de ces foixante ans (*a*).

pour le nouveau fcheling les mêmes chofes que l'on avoit auparavant pour l'ancien : par-là le prix de chaque chofe feroit infenfiblement diminué, le Commerce étranger feroit animé, & l'induftrie domeftique recevroit quelque encouragement par la circulation d'un plus grand nombre de livres & de fchelings. En exécutant un pareil projet, il feroit mieux de faire paffer le nouveau fcheling pour vingt-quatre fols, afin de conferver l'illufion, & que l'on crût recevoir le même que l'Ancien.

(*a*) *Cette illufion, qui ne peut avoir lieu que parmi le Peuple, n'y peut pas même fubfifter long-tems; la valeur intrinfeque d'une monnoie eft bien-tôt connue : le Commerce étranger force les moins clairvoyans à s'appercevoir de l'altération ; car l'argent eft non feulement la véritable mefure des autres richeffes d'un Etat, il eft auffi celle de fon Commerce avec fes voifins, ce qui eft une nouvelle raifon pour n'y pas toucher ; le moindre des inconvéniens qu'entraînent de femblables alterations eft d'embarraffer le Commerce avec l'Etranger. M. Mun remarque de plus trèsfagement que ces expédiens qui caufent tant de dommages aux Sujets, ne font pas même avantageux pour le Souverain, comme quelques perfonnes fe le perfuadent : ,,Car quoique, dit-il, une refonte ,,de tout notre Argent, dont on altéreroit le poids ,,ou le titre, apportât préfentement (pour une fois*

Nous pouvons conclurre de tout ce raifonnement, qu'à l'égard du bonheur intérieur d'un Etat, il importe peu que l'Argent
foit en plus grande ou en moindre quantité.
La bonne police du Gouvernement confifte
uniquement à faire, s'il eft poffible, qu'il
aille toûjours en augmentant, attendu que
par ce moyen il tient en haleine un efprit
d'induftrie dans la Nation, & qu'il augmente le magafin de travail qui fait le pouvoir
réel & les vraies richeffes d'un Peuple. Une
Nation, dont l'Argent diminue, eft actuellement plus foible & plus miférable qu'une
autre Nation qui n'a pas plus d'Argent, mais
qui eft en train de l'augmenter. Il fera aifé
d'en fentir la raifon, fi l'on confidère que
les altérations, dans la quantité de monnoie,
ne font pas fuivies immédiatement d'altérations proportionnées dans le prix des denrées. Il y a toûjours un intervalle, avant
que ces matières s'ajuftent à leur nouvelle
fituation; & cet intervalle eft auffi perni-

„feulement) un bénéfice certain à la monnoie, le
„Soûverain perdroit bien-tôt ce bénéfice & beau-
„coup plus dans la perception de fes revenus, qui,
„par ce moyen, lui feroient payés annuellement
„en Argent d'une moindre valeur intrinfeque
„qu'anciennement." *Chapitre VIII.*

cieux à l'induſtrie, lorſque l'Or & l'Argent diminuent, qu'il eſt en effet avantageux lorſque ces métaux augmentent. L'Ouvrier n'eſt pas employé de même par le Manufacturier & le Marchand, quoiqu'il paye le même prix pour chaque choſe au Marché. Le Fermier ne peut diſpoſer de ſon blé & de ſon bétail, quoiqu'il ſoit obligé de payer la même rente à ſon Seigneur. La pauvreté, la mendicité & la pareſſe qui doivent s'en ſuivre, ſont aiſées à prévoir.

Voici la ſeconde Obſervation que je me ſuis propoſé de faire à l'égard de l'Argent. Il y a quelques Royaumes & pluſieurs Provinces en Europe (& tous autrefois étoient dans la même condition) où l'Argent eſt ſi rare, que le Seigneur, qui n'en peut tirer de ſes Fermiers, eſt obligé de recevoir ſa rente en denrée, & de la conſommer lui-même, ou de la faire tranſporter aux lieux où il peut trouver un Marché.

Dans ces pays le Prince ne peut lever que peu ou point de taxes, & ſeulement de la même manière; & comme des impoſitions ainſi payées ne peuvent lui apporter qu'un petit bénéfice, il eſt évident qu'un pareil Royaume n'a que peu de force au-dedans, & ne ſauroit entretenir des Flottes & des Armées,

mées, auſſi loin que ſi l'Or & l'Argent abon-
doient en chaque Province.   Il y a ſûrement
une plus grande diſproportion entre les forces de l'Allemagne à préſent, & ce qu'elle
étoit il y a trois ſiècles (*a*), qu'il n'y en a
entre ſon induſtrie, ſon Peuple & ſes Manufactures.

Les domaines Autrichiens dans l'Empire,
ſont en général bien peuplés & bien cultivés; ils ſont d'une grande étendue, mais ils
n'ont pas un poids proportionné dans la balance de l'Europe;   ce qui provient, comme on le ſuppoſe communément, de leur
diſette d'Argent.   Comment ces faits s'ac-
cordent-ils avec ce principe de raiſon, que
la quantité d'Or & d'Argent eſt par elle-même entièrement indifférente.   Suivant ce
principe, par-tout où un Souverain a un
grand nombre de Sujets, & où ceux-ci ont
l'abondance des denrées, le Prince naturellement devroit être grand & puiſſant, & les
Peuples riches & heureux, indépendamment
de la plus grande ou de la moindre abondance de ces précieux métaux. L'Or & l'Ar-

---

(*a*) Les Italiens donnerent à l'Empereur Maxi-
milien le ſobriquet de *Pocchi-Danari*. Aucune des
entrepriſes de ce Prince ne réuſſit faute d'argent.

gent admettent une infinité de divisions &
de subdivisions, & lorsqu'ils seroient réduits
à un si petit volume qu'il y auroit à craindre
de les perdre, il est aisé de les mêler avec
un métal plus bas, comme cela se pratique
dans quelques pays de l'Europe, & par ce
moyen de leur donner un volume plus sensible & plus convenable.   Ils répondent toûjours au but d'échange qu'on se propose, en
quelque nombre qu'ils puissent être, & quelque couleur que l'on veuille leur donner.

Je répons à ces difficultés que l'effet que
l'on suppose ici être produit par la rareté
d'Argent, provient réellement des mœurs &
des coûtumes des Habitans ;   & que, comme cela est assez ordinaire, nous prenons
pour une cause, ce qui n'est qu'un effet collatéral.   La contradiction n'est que dans l'apparence, & il faut quelques réflexions pour
découvrir les principes par lesquels nous
pouvons concilier la raison & l'expérience.
Il paroît que c'est une maxime de la derniere
évidence, que le prix de chaque chose dépend de la proportion entre les denrées &
l'Argent, & que toute altération un peu sensible sur l'un ou l'autre sujet, a le même effet de hausser ou de diminuer les prix. Augmentez les denrées, elles deviennent à meil-

leur marché ; augmentez l'Argent, elles hauffent de valeur : comme de l'autre côté, une diminution des commodités, ou de l'Argent, font les effets contraires.

Il eft auffi évident que les prix ne dépendent pas tant de la quantité abfolue de denrées & d'Argent, qui font dans une Nation, que de celle des denrées que l'on porte, ou que l'on peut porter au marché, & de l'Argent qui circule. Si l'Argent eft renfermé dans des coffres, c'eft la même chofe à l'égard des prix, que s'il étoit anéanti : fi les denrées reftent dans des greniers, il s'enfuit le même effet. Comme l'Argent & les denrées dans ces cas ne fe rencontrent jamais, ils ne peuvent réciproquement opérer l'un fur l'autre aucun effet.

Si nous avions en quelque tems que ce foit à former des conjectures fur le prix des provifions, le blé que le Fermier eft obligé de garder pour fa fubfiftance & celle de fa famille ne doit jamais entrer dans l'eftimation : c'eft feulement le furplus comparé à la demande qui détermine le prix.

Pour appliquer ces principes, nous devons confidérer que dans ces premiers tems, où un Etat eft encore barbare, avant que l'imagination ait confondu fes befoins avec ceux de la nature ; les hommes contens des productions de leurs propres champs, & de ces préparations grossieres qu'eux-mêmes peuvent leur donner, ont peu de besoin d'échanges, ou du moins d'Argent, qui, par convention, est la mesure commune de l'échange. La laine du Troupeau du Fermier filée dans sa famille & travaillée par un Drapier voisin, qui reçoit son payement en blé ou en laine, suffit pour les besoins de sa famille. Le Charpentier, le Serrurier, le Maçon, le Tailleur ont des salaires de pareille nature, & le Seigneur lui-même demeurant dans le voisinage, est content de recevoir sa rente en denrées, que produit le travail du Fermier. Il en consomme la plus grande partie dans son Château à recevoir des Hôtes grossiers: il envoie peut-être le reste à la Ville voisine dont il tire les objets de sa dépense & de son luxe.

Mais ensuite les hommes commencent à rafiner sur leurs besoins comme sur leurs plaisirs; ils ne vivent pas toûjours chez eux, & ne se contentent pas de ce que produit leur voisinage : il y a plus d'échanges & de Commerce de toute espèce, & il entre plus d'Argent dans ces échanges. Les Marchands ne veulent point être payés en blé, parce qu'ils ont besoin de quelque chose de plus que de manger. Le Fermier va chercher les commodités dont il a besoin au-delà de son Village, & ne peut pas toûjours porter ses denrées au Marchand qui le fournit. Le Seigneur vit dans la Capitale, ou dans le Pays étranger, & demande sa rente en Or & en Argent qu'il est aisé de lui transporter. Il s'éleve dans toute espèce de commodités de grands Entrepreneurs, des Manufacturiers & des Marchands considérables, & ceux-ci ne peuvent trafiquer convenablement qu'en espèces. L'Argent en conséquence, dans cette nouvelle forme de la Société, entre en beaucoup plus de contrats, & par ce moyen est beaucoup plus employé que dans la premiere.

Il s'enfuivra nécessairement que pourvû que l'Argent n'augmente pas dans la Nation, chaque chose doit devenir à bien meilleur marché dans des tems d'industrie & de délicatesse, que dans des siècles grossiers & sauvages. C'est la proportion entre l'Argent qui circule, & les denrées du marché, qui détermine les prix. Celles que l'on consomme ou que l'on échange avec d'autres commodités dans le voisinage, ne viennent jamais au marché : elles n'ont aucun effet fur l'efpèce courante; à cet égard, elles font comme fi elles étoient entièrement anéanties, & par conféquent cet ufage que l'on en fait détruit la proportion du côté des commodités & augmente les prix. Mais lorfque l'Argent entre dans tous les contrats & dans tous les marchés, & qu'il eft par-tout la mefure de l'échange, le même fonds national d'Argent monnoyé a une plus grande tâche à remplir. Toutes les denrées font alors au marché, la fphère de circulation eft augmentée; c'eft la même chofe que fi cette fomme individuelle devoit fervir à un plus grand Royaume, & par conféquent la proportion étant dans ce cas-ci diminuée du côté de l'Argent, chaque chofe doit devenir à meilleur marché, & les prix doivent tomber par degrés.

Par les calculs les plus exacts qui ont été faits dans toute l'Europe, après avoir évalué le change dans la dénomination ou la valeur numéraire, il fe trouve que les prix de toutes chofes n'ont que triplé, ou au plus quadruplé, depuis la découverte des Indes Occidentales. Mais quelqu'un ofera-t-il affûrer qu'il n'y a que quatre fois plus d'Argent qu'il n'y en avoit dans le quinzième fiècle, ou dans les fiècles qui l'ont précédé?

Les Espagnols & les Portugais de leurs Mines ; les Anglois, les François & les Hollandois de leur Commerce d'Afrique, & par leurs interloppes dans les Indes Occidentales, tirent environ sept millions par an, dont la dixième partie ne va pas aux Indes Orientales. Cette seule somme en cinq ans doubleroit probablement l'ancien fonds d'Argent en Europe. Le changement dans les mœurs & dans les coûtumes, est la seule raison satisfaisante que l'on puisse donner, pourquoi les prix de toutes choses n'ont pas monté à un degré beaucoup plus exorbitant. Outre qu'une industrie additionnelle produit beaucoup plus de commodités, & que l'on porte plus de ces commodites au marché, après que les hommes ont quitté leur ancienne simplicité de mœurs (*a*). Quoique

---

(*a*) „La quantité d'Or & d'Argent portée en „Europe, depuis la découverte de l'Amérique, „auroit été capable de faire le même effet *(d'aug-* „*menter le prix des terres & de toutes sortes de* „*marchandises)* si la prodigieuse augmentation du „Commerce, n'avoit augmenté le besoin du gage „des échanges, proportionnellement à la quantité „de Pays devenus Commerçans : Et proportion- „nellement à nos besoins de Luxe, les Manufactu- „res multipliées dans toute l'Europe, les dorures,

cet accroiſſement n'ait pas été égal à celui de l'Argent, il a cependant été conſidérable, & il a conſervé la proportion entre l'eſpèce & les denrées plus près de l'ancien pié.

Si l'on propoſoit la queſtion, laquelle des deux manières de vivre eſt la plus avantageuſe à l'Etat ou au Public, ſans luxe ou avec luxe, je ne me ferois aucun ſcrupule de préférer la dernière, du moins dans une vûe politique, & je m'y croirois fondé par l'encouragement que je donnerois au Commerce & aux Manufactures.

Lorſque les hommes vivent dans la manière ſimple & ancienne, & que leur induſtrie domeſtique, ou tout au plus le voiſinage ſupplée à tous leurs beſoins, le Prince ne peut lever de taxe d'une partie conſidérable de ſes Sujets: s'il veut leur en faire ſupporter quelqu'une, il faut qu'il la reçoive en denrées, dans leſquelles ſeules ils abondent; & les inconvéniens qui ſont attachés à cette

---

„la vaiſſelle, l'Argent transporté aux Indes, tout „cela fait une compenſation vague & impoſſible à „apprécier exactement."

M. M E L O N, *Eſſai Politique ſur le Commerce, Chapitre XV.*

méthode font fi fenfibles qu'il eft inutile ici de s'y arrêter. Tout l'Argent qu'il peut efpérer de lever eft réduit à celui que lui fourniront fes Villes principales, dans lefquelles feules il circule; or il eft évident qu'elles ne peuvent lui en fournir, autant qu'il en retireroit de tout l'Etat, fi l'Or & l'Argent y circuloient dans toute fon étendue. Mais outre cette diminution manifefte de revenu dans cette fituation, il y a encore une autre caufe de la pauvreté du Public. Non-feulement le Souverain reçoit moins d'Argent, mais ce même Argent ne va pas fi loin que dans les tems d'induftrie & de Commerce général. Toute chofe eft plus chere où l'Or & l'Argent font fuppofés égaux, & celà parce qu'il vient moins de denrées au marché & que tout l'Argent monnoyé porte une plus haute proportion avec ce qui eft à vendre; c'eft ce qui fixe & détermine le prix de chaque chofe (*a*).

(*a*) M. MELON *va encore plus loin.* Selon *lui:* „La trop grande quantité d'Argent, ou de „gage quelconque des échanges, feroit encore „bien plus nuifible que l'infuffifance de ce gage. „Si le gage manquoit, les crédits publics pour- „roient le remplacer : mais fi l'Argent devenoit „commun comme les pierres, ou même comme

Ceci nous fait voir la fauſſeté de la re-marque que l'on trouve ſi ſouvent dans les Hiſtoriens, & que l'on fait tous les jours dans la converſation, que tout Etat particu-lier eſt foible, quoique fertile, peuplé & bien cultivé, uniquement à cauſe qu'il man-que d'Argent. Il paroît, au contraire, que le manque d'Argent ne peut faire tort à au-cun Etat au-dedans de lui-même; car les hommes & les commodités ſont la véritable force de toute Nation. C'eſt la manière ſim-ple de vivre qui eſt nuiſible au Public, parce qu'elle reſſerre l'Or & l'Argent dans un petit nombre de mains, & qu'elle les empêche de ſe répandre & de circuler par-tout. Au contraire l'induſtrie & les rafinemens de tou-te eſpèce font que l'Argent, quelle qu'en puiſſe être la quantité, ſe communique de Membre en Membre à tout le Corps de l'E-

---

„le fer, il ne pourroit plus être la commune me-
„ſure des denrées, parce qu'il ſeroit donné ſans
„meſure; il faudroit donc revenir à un autre gage
„moins commun, & en attendant les conventions
„générales là-deſſus, que la néceſſité rendroit
„promptes, le Commerce recommenceroit par
„échanges de marchandiſes, comme dans les pre-
„miers ſiècles, ou comme chez les Sauvages."
Eſſai Politique, Chapitre XXIV.

tat, qu'il circule, pour ainsi dire, dans toutes les veines & qu'il entre dans toutes les fortes de marchés & de contrats. Aucune main n'en est entièrement vuide, & comme le prix de chaque chose tombe par ce moyen, le Souverain a un double avantage; il peut tirer de l'Argent par ses taxes de chaque partie de l'Etat, & ce qu'il en reçoit devient plus fructueux dans tous les emplois qu'il en peut faire.

Nous pouvons inférer de la comparaison des prix, que l'Argent n'est pas plus abondant à la Chine qu'il ne l'étoit en Europe il y a trois cens ans. Quel est cependant le pouvoir immense de cet Empire, si nous en devons juger par la liste civile & militaire qui est à sa charge? Polybe (*a*) nous dit que les provisions de son tems étoient à si bon marché en Italie, qu'en quelques endroits l'Ecot dans les Auberges n'étoit que d'un *Demi-sou* par tête, un peu plus d'un *Fardin* (*b*). Cependant la puissance Romaine avoit alors subjugué le Monde entier connu. Environ un siècle auparavant, les Ambassadeurs Carthaginois dirent par ma-

______

(*a*) *Liv. 2. Chap. 15.*
(*b*) *Liard*, ou la quatrième partie du sou d'Angleterre.

nière de raillerie, qu'aucuns Peuples ne vivoient parmi eux d'une manière plus sociable que les Romains; car à chaque repas que ces Ambassadeurs recevoient comme Ministres étrangers, ils observoient toûjours le même plat à chaque table (*a*). La quantité absolue de ces précieux métaux est un objet très-indifférent. Il y a seulement deux circonstances de quelque importance à considérer : leur augmentation graduelle & leur circulation dans l'Etat ; & l'on a expliqué ici l'influence de ces deux circonstances.

Dans le Discours suivant, nous verrons un exemple d'une erreur semblable à celle ·ci-dessus mentionnée, où un effet collatéral est encore pris pour une cause, & où l'on attribue à l'abondance d'Argent une conséquence qui n'est réellement dûe qu'aux changemens dans les mœurs & les coûtumes du Peuple.

(*a*) *Pline, Liv. 33. Chap. 11.*

DISCOURS IV.

De l'Intérêt.

Rien ne paſſe pour un ſigne plus certain de l'état floriſſant d'une Nation, que la modicité de l'Intérêt, & c'eſt avec raiſon, quoique je penſe que la cauſe en eſt un peu différente, de ce que l'on croit communement. La modicité de l'Intérêt eſt généralement attribuée à l'abondance d'argent; cependant l'argent, quoique abondant, n'a d'autre effet, ſi le fonds en eſt toûjours le même, que d'augmenter le prix du travail. L'eſpèce d'argent eſt plus commune que celle d'or, ainſi vous en recevrez une plus grande quantité pour les mêmes commodités : mais porte-t-elle un moindre Intérêt? L'Intérêt à Batavia & à la Jamaïque eſt à dix pour cent, en Portugal à ſix, quoique ces Pays, comme nous l'apprenons du prix de chaque choſe, abondent beaucoup plus en or & en argent que Londres ou Amſterdam.

Si tout l'or en Angleterre étoit anéanti à la fois, & que l'on ſubſtituât vingt-un ſchelings à la place de chaque guinée, la monnoie feroit-elle plus abondante ou l'Intérêt plus bas ? Non fûrement ; feulement nous nous fervirions d'argent au-lieu d'or. Si l'or devenoit auffi commun que l'argent, & que l'argent le devînt autant que le cuivre, la monnoie feroit-elle plus abondante ou l'Intérêt plus bas ? Nous pouvons en fûreté faire la même réponfe : nos fchelings alors feroient jaunes, nos fous feroient blancs, & nous n'aurions point de guinées. Voilà tout ce qui en arriveroit. Le Commerce, les Manufactures, la Navigation & l'Intérêt n'en fouffriroient aucune altération, à moins que nous n'imaginions que la couleur du métal foit de quelque conféquence.

Or ce qui eft fi vifible dans ces extrèmes variations de rareté ou d'abondance de ces précieux métaux, doit arriver en proportion dans les plus petits changemens. Si l'on peut multiplier quinze fois l'or ou l'argent fans produire de différence ; à plus forte raifon lorfqu'on ne fait que le doubler ou le tripler. Toute augmentation n'a d'autre effet que de hauffer le prix du travail & des commodités, & même cette augmentation n'eft guères que celle d'un nom. Dans les progrès de ces changemens, l'augmentation peut avoir quelque influence en excitant l'induſtrie : mais après que les prix ſont arrêtés, proportionnellement à la nouvelle abondance d'or & d'argent, elle n'a plus aucune ſorte d'influence.

Un effet garde toûjours une proportion avec ſa cauſe. Les prix ont à peu près quadruplé depuis la découverte des Indes; il eſt cependant probable que l'or & l'argent ont multiplié beaucoup plus : mais l'Intérêt n'eſt guères tombé que de moitié, Le prix de l'Intérêt ne vient donc pas de la quantité de ces précieux métaux.

L'Argent n'ayant qu'une valeur fictive que la convention des hommes lui a donnée, ſi nous conſidérons une Nation en elle-même, il lui importe peu qu'elle en ait une plus grande ou une moindre abondance. Lorſque la monnoie eſt une fois fixée; en quelque abondance qu'elle ſoit, elle n'a d'autre effet que d'obliger chaque Particulier à compter un plus grand nombre de ces brillantes pièces de métal pour ſes habits, ſes meubles ou ſes équipages, ſans qu'elle puiſſe augmenter les aiſances de la vie de qui que ce ſoit. Si un homme emprunte de l'argent pour bâtir une maiſon, il rapporte alors chez lui une plus grande charge, parce que la pierre, le bois, le fer, le plomb, &c.

avec le travail des Maçons & des Charpentiers, font repréfentés par une plus grande quantité d'or & d'argent.

Mais ces métaux ne devant être confidérés que comme des repréfentations, leur volume ou leur quantité, leur poids ou leur couleur ne peuvent opérer aucun changement fur leur valeur réelle ou leur Intérêt. Le même Intérêt dans tous les cas porte la même proportion avec la fomme. Si vous me prêtez tant de travail & tant de commodités à cinq pour cent, vous recevez toûjours un travail & des commodités proportionnées, foit que la chofe foit repréfentée par des pièces jaunes ou blanches, par une livre ou par une once. Il eft donc inutile de chercher ce qui fait hauffer ou baiffer l'Intérêt dans la plus grande ou la moindre quantité d'or & d'argent qui eft fixée en chaque Nation.

Trois circonftances font hauffer l'Intérêt. Une grande demande pour emprunter ; peu de richeffes pour répondre à cette demande, & de grands profits provenans du Commerce. Ces circonftances font la preuve la plus claire du peu de progrès du Commerce & de l'induftrie, & non de la rareté de l'or & de l'argent. De l'autre côté, des circon-

conſtances toutes contraires font baiſſer l'Intérêt. Une petite demande pour emprunter ; de grandes richeſſes pour ſuppléer à
cette demande, & de petits profits provenans du Commerce. Toutes ces circonſtances ſont liées enſemble, & naiſſent de
l'augmentation de l'induſtrie & du Commerce, & non de celle de l'or & de l'argent.
Nous tâcherons de prouver ces points auſſi
clairement qu'il nous ſera poſſible, & nous
commencerons par les cauſes & les effets
d'une grande ou d'une petite demande pour
emprunter.

Lorſqu'un Peuple commence à ſortir de
l'état de barbarie, & qu'il devient plus nombreux qu'il n'étoit originairement, il faut
qu'il arrive auſſi-tôt une inégalité de poſſeſſions : tandis que les uns ſont Maîtres d'une
grande étendue de pays, d'autres ſont re-
ſerrés dans des limites très-étroites, & quelques-uns même ſont abſolument ſans aucune terre. Ceux qui poſſèdent plus de terre
qu'ils n'en peuvent cultiver, font travailler
ceux qui n'en ont point, & conviennent de
recevoir une partie déterminée du produit.
De-là l'*Intérêt des Propriétaires de terre* eſt
immédiatement établi, & il n'y a aucun
Gouvernement, quelque groſſier qu'il puiſ-

<table>
<tr><td>*Tome I.*</td><td>G</td></tr>
</table>

fe être, où les chofes ne foient pas fur ce pié-là. De ces Propriétaires de terre, quelques-uns penfent différemment des autres, & tandis que l'un voudroit enmagafiner pour l'avenir le produit de fa terre, l'autre défireroit de confommer à préfent ce qui fuffiroit pour plufieurs années. Mais celui qui ne feroit que dépenfer fon revenu, vivroit entièrement fans occupation; & les hommes ont tellement befoin de quelque chofe qui les fixe & qui les engage, que les plaifirs, quels qu'ils foient, feront toújours recherchés de la plus grande partie des Propriétaires de terre, & par conféquent les prodigues feront toújours auffi plus communs que les avares (*a*).

(*a*) L'Auteur de la Fable des Abeilles affure au contraire que „bien qu'il ne foit pas poffible „qu'une Nation riche ne renferme point de Prodi„gues, il n'y en eut jamais qui n'eut affez d'Ava„res pour contrebalancer les Prodigues." On reconnoît à ce trait l'éfprit de Satire qui ne le quitte pas même dans fes Réflexions Politiques. Celle qu'il fait quelques lignes plus bas à ce fujet, eft éxtremement judicieufe. „Les Philofophes qui „favent pénétrer dans la nature des chofes, confi„dèrent les viciffitudes qu'on remarque dans la „Société civile du même oeil qu'ils envifagent „l'élévement & l'abaiffement des Poûmons. Ils re-

Ainfi dans un Etat où l'on ne connoît d'autre Intérêt que celui de terres, comme il y a peu de frugalité, les Emprunteurs doivent être nombreux. & le prix de l'Intérêt doit être en proportion. La différence ne dépend pas de la quantité d'argent, mais des ufages & des mœurs qui prévalent. C'eft ce dernier article feul qui augmente ou qui diminue la demande pour emprunter. Où l'Argent abonde affez pour qu'un œuf fe vende fix fous, auffi long-tems qu'il y aura feulement des poffeffeurs de terre & des Laboureurs pour la cultiver, les Emprunteurs doivent être nombreux & l'Intérêt haut, la rente pour la même Ferme pourroit être plus forte & d'un plus grand volume ; mais la même pareffe du Seigneur de la terre & les prix plus hauts des commodités la diffiperoient dans le même tems, &

„ marquent que ce dernier état fait tout auffi bien „ partie de la refpiration que le premier, & qu'ainfi „ le fouffle inconftant de la Fortune qu'on ne fau- „ roit fixer eft au Corps politique, ce que l'Air fi „ facile à être mis en mouvement eft à une créatu- „ re vivante."

La FABLE DES ABEILLES. Tome I. Remarque (Y).

de la même nécessité résulteroit la même demande pour emprunter (*a*).

Le cas est le même à l'égard de la seconde circonstance que nous nous sommes proposés de considérer, à savoir, le plus ou le moins de richesses pour satisfaire à cette demande. Cet effet dépend aussi des mœurs & des manières de vivre d'un Peuple, & non de la quantité d'or & d'argent. Pour qu'il se trouve dans un Etat un grand nombre de Prêteurs, il ne suffit pas, il n'est pas même nécessaire qu'il y ait une grande abondance de ces métaux, il faut seulement que la pro-

---

(*a*) J'ai été informé par un Avocat très-habile, un homme qui sait & qui observe beaucoup, qu'il paroît par les anciens Régistres, qu'il y a environ quatre siècles, que l'Argent en Ecosse, & probablement par toute l'Europe, étoit seulement à cinq pour cent, & qu'il devint après à dix avant la découverte des Indes Occidentales. Ce fait est curieux, mais il seroit aisé de le concilier avec le raisonnement précédent. Les hommes alors vivoient si fort dans le particulier, & d'une manière si simple & si frugale, qu'ils avoient peu de besoin d'argent, & quoique les Prêteurs fussent rares, les Emprunteurs l'étoient encore davantage. Les Historiens attribuent le haut prix de l'Intérêt parmi les Romains des premiers tems aux fréquentes pertes qu'ils souffroient des invasions de l'ennemi.

priété de cette quantité qui eſt dans l'Etat, grande ou petite, ſoit ramaſſée dans des mains particulières, de manière à former des ſommes conſidérables, ou à compoſer un grand *Intérêt d'argent*. C'eſt ce qui produit le grand nombre de Prêteurs & fait tomber le prix de l'uſure ; & j'oſe avancer que ceci ne dépend pas de la quantité de l'eſpèce, mais des mœurs & des coûtumes particulières, qui font que l'argent ſe ramaſſe en des ſommes ſéparées, ou en des maſſes de valeur conſidérable.

Car ſuppoſons qu'en une nuit, par miracle, on gliſsât dans la poche de chaque homme en Angleterre cinq livres ſterling, cela feroit beaucoup plus que doubler tout l'argent qui eſt à préſent dans le Royaume ; & cependant ni le jour ſuivant, ni de quelque tems après, il n'y auroit pas plus de Prêteurs, & conſéquemment aucune altération dans l'Intérêt. S'il n'y avoit dans l'Etat que des Seigneurs de terre & des Laboureurs, cet argent, quoique abondant, ne pourroit pas s'amaſſer en ſommes, & ſerviroit ſeulement à augmenter le prix de chaque choſe ſans aucune autre conſéquence. Le Seigneur de terre le prodigue auſſi-tôt qu'il le reçoit ; le pauvre Payſan n'a ni les moyens, ni l'ambition d'obtenir autre chofe que fa fimple fubfiftance. Le nombre des Emprunteurs, au-deffus de celui des Prêteurs, continuant à être le même, il ne s'enfuivra aucune réduction d'Intérêt ; elle dépend d'un autre principe, & ne peut venir que d'une augmentation d'induftrie, de frugalité, d'Arts & de Commerce.

La terre produit toutes les chofes utiles à la vie de l'homme, mais peu en fortent dans l'état requis pour les rendre utiles. Outre les Propriétaires de terre & les Laboureurs, il faut donc qu'il y ait une autre forte d'hommes, qui recevant des derniers ces productions dans leur groffiereté travaillent à leur donner leur propre forme, & en retiennent une partie pour leur ufage & leur fubfiftance.

Dans l'enfance d'une Société ces contrats entre les Cultivateurs de la terre & les Artifans, & entre une efpèce d'Artifans & une autre, fe font d'ordinaire immédiatement par eux-mêmes, qui, étant voifins, connoiffent aifément les néceffités les uns des autres, & peuvent fe prêter une affiftance mutuelle pour y fuppléer. Mais lorfque l'induftrie des hommes augmente & que leurs vûes s'aggrandiffent, il fe trouve que les parties de l'Etat les plus éloignées les

unes des autres peuvent s'affifter réciproquement, auffi-bien que les plus contigues,
& que cette communication de bons offices
peut être portée à la plus grande extenfion.
De-là l'origine des Négociants, l'efpèce
d'hommes la plus utile dans toute la Société,
qui fervent comme d'Agens entre ces différentes parties de l'Etat, qui ne fe connoiffent en aucune manière, & qui ignorent les
befoins les uns des autres. De-là il y a dans
une Ville cinquante Ouvriers en foie & en
laine, & mille perfonnes qui ont befoin de
leur travail : ces deux fortes d'hommes fi
néceffaires les unes aux autres ont de la peine à fe rencontrer, jufqu'à ce qu'un autre
d'une troifième efpèce ouvre une boutique (*a*), où fe rendent les Ouvriers & ceux

---

(a) *L'Auteur Anglois, en fuivant à peu près le même plan que* M. MELON, *eft, comme on l'a déja
vû, d'avis différent fur plufieurs articles effentiels :
celui-ci eft de ce nombre. Voici ce que dit* M. ME-
LON *fur les Marchands Boutiquiers :* „L'Ouvrier
„doit être long-tems apprentif, pour faire de
„bonne marchandife : à peine eft-il néceffaire que
„le Vendeur la connoiffe ; car fi dans un inftant il
„ceffoit d'y avoir des Maîtres & Marchands Bou-
„tiquiers, les Manufacturiers n'auroient qu'à en-
„voyer leurs Commis ou leurs Valets, avec leurs

qui ont befoin de leur travail.   Dans cette

„marchandifes étiquetées de la Fabrique & du
„prix, & tout rentreroit dans l'ordre. Le Peu-
„ple dit fagement, en parlant des Maîtres & Mar-
„chands Merciers : Vendeurs de tout, Faifeurs
„de rien." *Cette Réflexion de M. Melon, paroît
fe fentir de l'humeur que lui ont infpirée ces grands
garçons frifés & poudrés, dont toute l'occupation du
matin au foir, eft de fe promener en long & en large
dans la boutique ; en attendant qu'il vienne quelqu'un
à qui auner du drap, du velours, ou du galon ; & il
faut avouer que ces travaux fédentaires & faciles
conviendroient bien mieux à des Filles, dont un fi
grand nombre ne font dans la mifere que faute de
travail. Mais la profeffion même du Marchand
Boutiquier, quoique moins néceffaire que celle du Manufacturier, ne laiffe pas d'être avantageufe à la Société,
ainfi que M. Hume le démontre ; & dès-lors il faut auffi
des Apprentifs. Pour ces détails il y a fans doute à Paris trop de garçons de Boutique, d'où il réfulte un trop
grand nombre de Marchands de toute efpece, & c'eft
peut-être un abus qu'entraîne néceffairement tout Commerce étendu, fpécialement dans les grandes Villes, où
par un effet de leur induftrie, les uns font leur fortune en donnant leurs marchandifes à bon marché, tandis
qu'une quantité d'autres, en vendant les leurs beaucoup plus cher, gagnent à peine de quoi vivre. Ce qui
prouve qu'en ce Commerce de détail, il y a plus à faire
qu'à diftribuer des marchandifes étiquetées, il eft bien
vrai qu'un Marchand Boutiquier en achetant à bon*

Province il s'éleve une grande abondance, je suppose que c'est en bétail, en beurre & en fromage ; mais on y manque de pain & de blé, qui dans la Province voisine abondent de beaucoup au-delà de la consommation des Habitans. Un homme fait cette découverte : il apporte du blé d'une Province & retourne avec du bétail, & pourvoyant ainsi aux besoins des deux, il devient en cela leur Bienfaiteur commun. A mesure que le Peuple augmente en nombre & en industrie, la difficulté de leur correspondance mutuelle devient plus grande. L'emploi de l'argent ou de la marchandise devient plus embarrassé, & se divise, se subdivise, s'arrange & se mêle dans une plus grande variété. Dans toutes ces transf-

---

marché, & vendant cher, peut faire une grande fortune, mais il ne peut par ce seul Commerce augmenter d'un sou le fonds des richesses nationales. Un simple Manufacturier y ajoûte plus par son travail en un an, que tous les Boutiquiers de Paris, quoique ces Marchands soient nécessaires en tout Pays pour la facilité du Commerce. Seulement il seroit digne de l'attention d'une Police sage d'empêcher qu'il n'y en eût un trop grand nombre, comme l'a remarqué l'Auteur d'un Discours sur le Commerce, imprimé à Londres en 1689.

G v

actions il eſt neceſſaire & raiſonnable qu'une partie conſidérable des commodités & du travail appartiennent au Marchand, à la vigilance duquel on eſt redevable de la facilité de ſe les procurer.

Quelquefois il gardera ces commodités en nature, ou plus communement il les convertira en argent, qui eſt leur repréſentation commune. Si l'or & l'argent ont augmenté dans l'Etat avec l'induſtrie, il faudra une grande quantité de ces métaux pour repréſenter une grande quantité de commodités & de travail. Si l'induſtrie ſeule a augmenté, les prix de chaque choſe doivent tomber, & une très-petite quantité d'eſpèce ſervira de repréſentation.

Il n'y a rien que l'eſprit humain demande plus conſtamment, & d'une manière plus inſatiable, que de l'exercice & de l'emploi; & ce déſir paroît être le fondement de toutes nos paſſions & de toutes nos recherches. Privez un homme de toute affaire & de toute occupation ſérieuſe, il court ſans relâche d'un amuſement à un autre: le poids & l'oppreſſion dont ſa pareſſe l'accable ſont tels, qu'il oublie la ruïne où l'entraine ſa dépenſe immodérée. Donnez-lui une manière plus innocente d'occuper ſon eſprit ou ſon corps, il eſt ſatisfait, & ceſſe d'éprouver cette ſoif du plaiſir que rien ne peut ſatisfaire. Mais ſi l'emploi que vous lui donnez lui devient utile, ſpécialement ſi le profit eſt attaché à chaque exercice particulier de ſon induſtrie, il a ſi ſouvent le gain devant les yeux, que par degrés il en fait l'objet de ſa paſſion, & ne connoît pas de plus grand plaiſir que celui de voir augmenter tous les jours ſa fortune. C'eſt ce qui fait que le Commerce augmente la frugalité, & que parmi les Marchands, les avares l'emportent ſur les prodigues, dans la même proportion qui ſe trouve des prodigues ſur les avares, parmi les poſſeſſeurs de terre.

Le Commerce augmente l'induſtrie, en la faiſant paſſer aiſément d'un Membre de l'Etat à l'autre, & ne permettant pas qu'aucun périſſe ou devienne inutile. Il augmente la frugalité en donnant de l'occupation aux hommes, & en les employant aux Arts lucratifs, qui bien-tôt attirent leur affection, & les éloignent du goût du plaiſir & de la dépenſe. La conſéquence infaillible de toute profeſſion d'induſtrie eſt d'inſpirer la frugalité & de faire prévaloir l'amour du gain ſur l'amour du plaiſir. Parmi les Avocats & les Médecins, qui ont quelque pratique, il y en a beaucoup plus qui depenfent moins que leur revenu, qu'il n'y en a qui l'excedent. Mais les Avocats & les Médecins n'engendrent aucune induftrie, c'eft même aux dépens des autres qu'ils acquièrent leurs richeffes, de manière qu'ils font fûrs de diminuer les poffeffions de quelques-uns de leurs Concitoyens, auffi-tôt qu'ils augmentent les leurs. Les Marchands, au contraire, engendrent l'induftrie, en fervant comme de canaux pour la faire paffer dans chaque partie de l'Etat; & en même tems par leur frugalité ils acquièrent un grand pouvoir fur cette induftrie, & amaffent un fonds confidérable de travail & de commodités, qu'ils ont en effet produites, comme en étant les principaux inftrumens. Le Commerce eft donc la feule profeffion qui puiffe rendre confidérable l'Intérêt de l'argent, ou en d'autres termes, qui puiffe augmenter l'induftrie, & en augmentant auffi la frugalité, donner un grand pouvoir à cette induftrie fur les Membres particuliers de la Société. Un Etat, fans Commerce, doit être compofé principalement de gens qui ont des terres, dont la prodigalité & la dépenfe occafionnent un befoin continuel d'emprunt & de Payfans qui ne font pas en état d'y fatisfaire. L'argent ne fe raffemble jamais en fonds affez confidérable pour qu'il puiffe être prêté à Intérêt. Il eft difperfé dans une infinité de mains, dont les unes le diffipent en vaines magnificences, & les autres l'emploient à fe procurer les néceffités communes de la vie. Le Commerce feul le ramaffe en fommes confidérables, & c'eft l'effet uniquement & de l'induftrie qu'il fait naître, & de la frugalité qu'il infpire, indépendamment de la quantité de monnoie qui peut circuler dans l'Etat.

Ainfi une augmentation de Commerce, par une conféquence néceffaire & infaillible, produit un grand nombre de Prêteurs, ce qui fait baiffer l'Intérêt. Il nous faut confidérer à préfent jufqu'où cette augmentation de Commerce diminue les profits qui réfultent de cette profeffion, & comment elle fait naître la troifième circonftance requife pour produire une diminution dans l'Intérêt.

Il n'eft pas hors de propos d'obferver à ce fujet, que la modicité d'Intérêt & celle de profit des marchandifes, s'entraînent mutuellement l'une l'autre, & dérivent toutes deux originairement de ce Commerce étendu, qui produit les Négocians opulens, & qui rend l'Intérêt de l'argent confiderable. Où

les Marchands poſſèdent de grands fonds re-
préſentés par peu ou beaucoup de pièces de
métal, il doit arriver ſouvent que, ſoit lorſqu'ils ſe laſſent du Commerce, ſoit lorſqu'ils
ont des héritiers qui n'y ſont pas propres, ou
qui ne veulent pas s'y adonner; il eſt naturel, dis-je, qu'ils cherchent à s'aſſûrer un
revenu annuel & certain, proportionné à
cette grande quantité de richeſſes. L'abondance diminue le prix, & fait que les Prêteurs ſe contentent d'un Intérêt plus bas.
Cette conſidération en oblige pluſieurs à
conſerver leurs fonds dans le Commerce, &
à ſe contenter plutôt d'un petit profit, que
de diſpoſer de leur argent à un ſi modique
Intérêt. D'un autre côté, lorſque le Commerce eſt devenu très-étendu & emploie de
grands fonds, il doit parmi les Marchands
naître des rivalités, qui diminuent les profits du Commerce, en même tems qu'elles
augmentent le Commerce même (a). Les

(a) „Souvent même un Commerce peu avan-
„tageux à chaque Négociant, l'eſt beaucoup à la
„Nation : cela explique en quel ſens on doit dire
„que le Commerce eſt trop riche. Lorſqu'autre-
„fois il alloit à peine vingt-cinq ou trente Vaiſ-
„ſeaux dans nos Isles de l'Amérique, les envois
„& les retours étoient moins grands, mais plus

profits modiques de la marchandiſe induiſent les Marchands à accepter plus volontiers un modique Intérêt, lorſqu'ils quittent le Commerce & qu'ils veulent ſe repoſer. Il eſt donc inutile de chercher laquelle de ces circonſtances, à ſavoir l'Intérêt modique, ou les profits modiques, eſt la cauſe, & laquelle eſt l'effet. Elles naiſſent toutes deux d'un Commerce étendu, & comme je l'ai déja dit, s'entraînent mutuellement.

Aucun homme n'acceptera de petits profits lorſqu'il peut avoir un gros Intérêt, ni ne conſentira à un petit Intérêt s'il peut avoir de gros profits. Un Commerce étendu, en produiſant de grands fonds, diminue & l'Intérêt & le profit ; & la diminution de l'un eſt toûjours proportionnée à celle de l'autre.

„utiles pour chaque Négociant, qu'à préſent „qu'il en va cinquante. Ainſi le Commerce, de- „venu plus riche, d'une plus grande quantité de „Négocians qui y mettent leurs fonds, devient „moins profitable pour chacun d'eux, tandis que „les profits de la Nation en ſont augmentés de la „plus grande quantité de denrées d'exportation „vendues, & d'importation achetées à meilleur „marché."

M. MELON, *Eſſai Politique ſur le Commerce,* *Chapitre X. de l'Importation & de l'Exportation.*

Je puis ajoûter que comme les profits modiques sont l'effet du Commerce & de l'industrie, ils servent à leur tour à faire faire au Commerce de nouveaux progrès, en rendant les denrées à meilleur marché, en augmentant la consommation, & en aiguillonnant encore l'industrie. Ainsi si nous regardons l'entière connexion des causes & des effets, l'Intérêt est le vrai Baromètre de l'Etat; lorsqu'il est bas, c'est un signe certain que le Peuple est florissant. C'est une preuve de l'augmentation de l'industrie & de sa prompte circulation dans tout l'Etat, peu inférieure à une démonstration; & quoique peut-être il ne soit pas impossible qu'un échec considérable qui arrive tout à coup au Commerce, n'ait un effet momentané de même espèce, en faisant sortir de grands fonds du trafic, cet effet sera suivi de tant de misère, sur-tout parmi les pauvres qui ne trouveront pas à être employés, qu'outre son peu de durée, il ne sera pas possible de prendre un cas pour l'autre.

Ceux qui ont assûré que l'abondance d'argent étoit la cause de la modicité de l'Intérêt, paroissent avoir pris un effet collatéral pour une cause, puisque la même industrie qui fait tomber l'Intérêt, acquiert d'ordinaire

une

une grande abondance d'argent. Une variété de belles Manufactures, avec des Marchands vigilans & entreprenans, l'attireront bien-tôt dans un Etat, s'il y en a quelque part dans le monde. La même cause en multipliant les aisances de la vie, & en augmentant l'industrie, amasse de grandes richesses dans les mains de personnes qui ne sont pas Propriétaires de terres, & par ce moyen fait tomber l'Intérêt. Mais quoique ces effets, l'abondance d'argent & la modicité de l'Intérêt, proviennent naturellement du Commerce & de l'industrie, ils ne laissent pas d'être absolument indépendans l'un de l'autre : car supposons une Nation éloignée dans l'Océan pacifique, sans aucun Commerce étranger, sans aucune connoissance de navigation ; supposons que cette Nation possède constamment le même fonds de monnoie, mais qu'elle va toûjours en augmentant dans son Commerce & son industrie, il est évident que le prix de chaque commodité doit diminuer par degré dans ce Royaume, puisque c'est la proportion entre l'argent & les différentes espèces de biens qui fixe leur valeur mutuelle ; & dans la supposition présente, les aisances de la vie deviennent de jour en jour plus abondantes, ſans aucune altération ſur l'eſpèce courante. Donc parmi ce Peuple, dans des tems même d'induſtrie, un homme ſera plus riche, avec une moindre quantité d'argent, qu'il n'en faudroit pour cet effet dans des ſiècles d'ignorance & de pareſſe. Il faudra moins d'argent pour bâtir une maiſon, pour doter une fille, pour acheter une Terre, pour ſoûtenir une Manufacture, ou entretenir des Domeſtiques & des équipages. Voilà les uſages pour leſquels les hommes empruntent de l'argent, & par conſéquent la quantité plus ou moins grande qui en peut être dans un Etat, n'a aucune influence ſur l'Intérêt: mais il eſt évident qu'il en réſulte une conſidérable du fonds de travail & de commodités, ſelon qu'il eſt plus ou moins riche, puiſque réellement & en effet, c'eſt ce que nous empruntons, lorſque nous prenons de l'argent à Intérêt. Il eſt vrai que lorſque le Commerce s'étend par tout le monde, les Nations les plus induſtrieuſes abondent le plus en ces précieux métaux, de manière qu'un Intérêt modique & l'abondance d'argent, ſont en effet preſque inſéparables. Mais il eſt toûjours de conſéquence de connoître le principe qui produit un Phénomène, & de ne pas confondre la cauſe avec l'effet qui l'accompagne. Outre que la fpéculation eft curieufe, il fe préfente fouvent des occafions d'en faire ufage dans la conduite des affaires publiques. Au moins il faut avouer que rien ne peut être plus utile, que de perfectionner par la pratique, la manière de raifonner fur ces fujets, qui font de tous les plus importans, quoiqu'ils foient fouvent traités avec le moins d'attention & de foin.

Une autre raifon de cette erreur populaire, à l'égard de la caufe de l Intérêt modique, paroît être l'exemple de quelques Peuples, qui après une acquifition foudaine de richeffes par le moyen des conquêtes, ont vû tomber l'Intérêt non-feulement parmi eux, mais même dans tous les Etats voifins, auffi-tôt que l'argent a été difperfé & s'eft infinué de toutes parts. Ainfi l'Intérêt en Efpagne tomba de près de moitié, après la découverte des Indes Occidentales, comme nous l'apprenons de Garcilaffo de la Véga; & il a toûjours été depuis en diminuant par degrés dans tous les Royaumes de l'Europe. L'Intérêt à Rome, après la conquête de l'Egypte, tomba de fix à quatre pour cent, comme nous l'apprenons de Dion (a).

____

(a) Liv. 51.

Les caufes qui font tomber l'Intérêt en de pareilles circonftances, paroiffent différentes dans les Pays conquérans & dans les Etats voifins ; mais ni dans les uns, ni dans les autres, nous ne pouvons attribuer cet effet, avec juftice, qu'à l'augmentation d'or & d'argent.

Dans les Pays conquérans, il eft naturel d'imaginer que cette nouvelle acquifition d'argent tombera dans peu de mains, où elle fera ramaffée en fommes confidérables, & que ceux qui les pofféderont chercheront à fe procurer un revenu affûré, foit en achetant des terres, foit en plaçant leur argent à Intérêt ; & conféquemment il s'enfuit pour quelque tems le même effet que s'il y avoit eû une grande occafion d'induftrie & de Commerce. Le nombre des Prêteurs fe trouvant plus grand que celui des Emprunteurs, l'Intérêt tombe, d'autant plus vîte, fi ceux qui ont acquis ces groffes fommes ne trouvent ni induftrie, ni Commerce dans l'Etat, & n'ont pas d'autre manière d'employer leur argent, que de le prêter à Intérêt. Mais après que cette nouvelle maffe d'or & d'argent aura été répandue, & que partagée en une infinité de parties, elle aura paffé de main en main & circulé dans tout l'Etat, les choses se remettront bien-tôt sur leur ancien pié ; attendu que les Seigneurs de terre & les nouveaux Possesseurs d'argent, vivans dans la paresse, dépensent au-delà de leur revenu ; que les premiers forment journellement de nouvelles dettes, & que les derniers anticipent sur leur fonds jusqu'à son extinction finale. Le même argent peut être encore dans l'Etat, & se faire sentir par l'augmentation des prix ; mais n'étant plus à présent ramassé en fortes parties, la proportion entre les Prêteurs & les Emprunteurs, est la même qu'anciennement, & par conséquent l'Intérêt remonte au même degré qu'auparavant.

Conformément à ces principes, nous trouvons que dès le tems de Tibère, l'Intérêt à Rome étoit encore monté à six pour cent (*a*), quoiqu'il ne fût arrivé aucun accident qui eût épuisé l'Empire d'argent. Dans le tems de Trajan, l'argent prêté sur hypothèque en Italie portoit six pour cent (*b*); celui sur des sûretés ordinaires en Bithynie, douze (*c*): & si l'Intérêt en Espagne n'est

______

(*a*) *Columella, Lib. 3. Cap. 3.*
(*b*) *Plinii Epist. Lib. 7. Ep. 18.*
(*c*) *Ibid. Lib. 10. Ep. 62.*

H iij

pas monté à ce degré étrange, on ne peut l'attribuer qu'à la même cause qui l'a fait tomber, à savoir aux fortunes prodigieuses que l'on faisoit continuellement aux Indes: ces richesses qui de tems en tems entroient en Espagne, fournissoient de quoi répondre aux demandes des Emprunteurs. Par cette cause accidentelle & étrangere, il y a plus d'argent à prêter en Espagne ; c'est-à-dire, qu'il y a plus d'argent rassemblé en fortes parties, que sans cela l'on n'en trouveroit dans un Etat où il y a aussi peu de Commerce & d'industrie.

A l'égard de la réduction d'Intérêt qui a suivi en Angleterre, en France, & dans les autres Royaumes de l'Europe qui n'ont point de Mines ; elle s'est faite par degré, & n'est pas venue de l'augmentation d'argent considéré purement en lui-même, mais de l'augmentation de l'industrie, qui est l'effet naturel du premier accroissement dans cet intervalle, avant qu'il fasse hausser le prix du travail & des denrées: car, pour retourner à la supposition précédente, si l'industrie d'Angleterre se fût autant accrue par d'autres causes (& cet accroissement eût pû aisément arriver, quoique le fonds d'argent fût resté le même) n'auroit-on pas vû suivre les mêmes

conséquences que nous obſervons à préſent ?
On auroit dans ce cas trouvé dans le Royaume le même Peuple, les mêmes commodités, la même induſtrie, les mêmes Manufactures, le même Commerce, & par conſéquent
les mêmes Marchands avec les mêmes
fonds ; c'eſt-à-dire, la même demande ſur le
travail & les commodités, ſeulement repré-
ſentée par un plus petit nombre de pièces
jaunes ou blanches, circonſtance peu importante, & qui ne peut regarder que le Voitu-
rier, le Portefaix, ou le Bahutier.

Ainſi le Luxe, les Manufactures, les Arts,
l'Induſtrie & la Frugalité fleuriſſant également
ment à préſent, il eſt évident que l'Intérêt
doit auſſi être modique ; puiſque c'eſt le ré-
ſultat néceſſaire de toutes ces circonſtances,
d'autant qu'elles déterminent les prix du
Commerce dans tout Etat, & la proportion
entre les Prêteurs & les Emprunteurs.

H iiij

{✻✻✻✻✻✻✻✻✻✻✻✻✻✻✻✻✻✻✻✻✻✻✻✻}

DISCOURS V.

De la Balance du Commerce.

Il eſt très-ordinaire parmi les Peuples qui ignorent la nature du Commerce, de défendre l'exportation des Commodités, & de vouloir conſerver parmi eux tout ce qu'ils croient utile ou précieux. Ils ne conſidèrent pas que par cette défenſe ils agiſſent directement contre leurs intentions, & que plus il s'exportera de quelque denrée que ce ſoit, plus on en cultivera dans le Pays, & qu'ils en auront toûjours la premiere offre (*a*).

***

(*a*) „Le fonds de richeſſes d'un Royaume, ou „le revenu par lequel il peut ſe pourvoir de ce „qui lui manque, eſt naturel ou artificiel. Les „richeſſes naturelles ſont la quantité de denrées „qu'un Etat peut épargner ſur ſa conſommation, „pour être exportées à l'Etranger. Les richeſſes „artificielles conſiſtent dans ſes Manufactures, & „dans ſon induſtrie, à trafiquer ou échanger ces „mêmes denrées ſuperflues, contre les marchan-„diſes étrangeres dont il a beſoin, &c."

M. Mun, *Chapitre III.*

C'eſt un fait connu des Savans que les anciennes Loix d'Athènes rendoient l'exportation des Figues criminelle ; ce fruit étant ſuppoſé d'une eſpèce ſi parfaite dans l'Attique, que les Athéniens le trouvoient trop délicieux pour la bouche d'un Etranger. Cette défenſe ridicule étoit une choſe ſi ſérieuſe que c'eſt de-là que les Délateurs ont été parmi eux appellés *Sycophantes*, de deux mots Grecs qui ſignifient *Figue* & *Déceleur* (*a*). J'ai ſouvent entendu dire que pluſieurs anciens Actes de notre Parlement ont été dictés par la même ignorance dans la nature du Commerce. Juſqu'à ce jour, dans un Royaume voiſin, la ſortie du blé eſt prèſque toûjours defendue, pour prévenir, comme on dit, les famines, quoiqu'il ſoit évident que rien ne contribue davantage aux famines fréquentes qui affligent ſi ſouvent ce fertile Pays (*b*).

(*a*) *Plutarchus*, *de Curioſitate*.

(*b*) Il n'eſt point d'Auteur inſtruit ſur ces matieres qui ne ſoit de l'avis de M. Hume, & ſur ce point le raiſonnement eſt confirmé par l'expérience. Une pratique totalement oppoſée à la nôtre, prévient conſtamment en Angleterre les diſettes qui arrivent ſi ſouvent en France : on y donne une récompenſe à ceux qui font ſortir les

La même jaloufie à l'égard de l'argent a

---

grains lorfqu'ils n'excèdent pas un certain prix;
elle eft de cinquante-quatre fols par feptier de fro-
ment du poids de deux cens quarante livres, lorfqu'il n'eft qu'à vingt-fept livres & au-deffous;
lorfqu'il paffe ce prix la récompenfe n'eft plus accordée, mais la liberté du tranfport refte. C'eft
en 1689. que le Parlement d'Angleterre fit ce Réglement fi fage: la Nation avoit été expofée jufqu'alors aux mêmes inconvéniens que la France,
& avoit fouvent eu recours aux Etrangers pour fa
fubfiftance. Depuis, l'Angleterre n'a point éprouvé de famine, quoiqu'elle exporte annuellement
des quantités immenfes de grains. On prétend
que dans les cinq années écoulées depuis 1746.
jufqu'en 1750. il y a eu près de cinq millions
neuf cens fix mille Quartiers de bleds de toutes
les qualités exportés : le prix commun à une livre
huit fols fterling, ou trente-deux livres dix-huit
fols tournois : ce feroit une fomme d'environ huit
millions deux cens dix mille livres fterling, ou
cent quatre-vingt huit millions huit cens trente
mille livres tournois. Voyez le Chapitre *de l'A-
griculture*, dans *les Elémens du Commerce*, & celui *des Bleds & de la Culture en général*, dans
l'Ouvrage de M. DE DANGEUL, où l'on trouve
un Extrait de l'Acte du Parlement d'Angleterre,
qui inftitue la gratification dont je viens de parler,
& le détail des richeffes immenfes dont cet Acte a
été la fource. On ne peut favoir trop de gré à
ces deux Auteurs d'avoir travaillé fi folidement à

auſſi prévalu parmi pluſieurs Nations : on avoit beſoin de la raiſon & de l'expérience pour convaincre les Peuples que ces défenſes ne ſervent qu'à tourner le change contre eux, & à produire encore une plus grande exportation (*a*).

---

détruire un préjugé qui n'eſt que trop enraciné parmi nous, quelque contraire qu'il ſoit au Commerce, & à l'Agriculture même qui en eſt la baſe.

Le Lecteur qui voudra ſe mettre totalement au fait de cette matiere, doit conſulter ſur-tout l'*Eſſai ſur la Police générale des Grains*, qui a été imprimé en cette année 1754. (on en trouvera quelques Exemplaires à Paris chez Lambert, Libraire, proche la Comédie Françoiſe.) Cet Ouvrage qui ne peut venir que d'un Citoyen, dont le zèle pour le bien public égale les lumieres, paroît mériter toute l'attention du Miniſtere. „N'y a-t-il pas „lieu, dit l'Auteur, *page 4.* d'être ſurpris que „les Etats qui produiſent le moins de grains ſoient „ceux qui nous en fourniſſent le plus ? Dans les „tems de diſette, la Hollande, peu fertile, ſert „de grenier à la France ſeptentrionale : la Barba-„rie, cet Etat mal policé, vient au ſecours des „Contrées méridionales."

(*a*) „Diſons encore un mot ſur le tranſport de „l'argent à l'Etranger, que la plûpart ont regardé „comme pernicieux. Penſent-ils que c'eſt un „préſent qu'on fait? Si la Balance du Commerce „eſt inégale, nous ne pouvons ſolder que par-là :

On peut dire que ces erreurs font grof-
fieres & palpables ;   mais à l'égard de la Balance du Commerce, parmi les Nations même qui l'entendent le mieux, une forte jaloufie prévaut encore : elles craignent toûjours que tout leur or & leur argent ne les
quittent.   Cette crainte cependant me paroît
entièrement dépourvûe de fondement dans
prefque tous les cas.   J'appréhenderois auffi-
tôt de voir tarir toutes nos fources & nos rivieres, que de voir l'argent abandonner un
Royaume, où il y a du Peuple & de l'induftrie.   Confervons foigneufement ces derniers avantages, & nous n'aurons jamais à
craindre de perdre le premier.

Il eft aifé de remarquer que tous les calculs
touchant la Balance du Commerce font fon-

„fi elle eft égale, l'Etranger devient notre débi-
„teur, notre tributaire, & le change nous fera
„toûjours avantageux.   Il femble que pour dé-
„truire ce préjugé, il ne faut qu'en préfenter le
„ridicule, & cependant il n'eft pas encore détruit.
„Il étoit fi grand au commencement du dernier
„fiècle, qu'il fut propofé de ne permettre le Com-
„merce étranger que par échange de notre part :
„c'étoit l'anéantir, ou du moins le réduire au pre-
„mier Commerce des Sauvages."

M. Melon, *Effai fur le Commerce*, *Chapitre
du Change.*

dés fur des fuppofitions & des faits incertains. On convient que les Régiftres des Douanes ne font pas un fondement fuffifant pour en pouvoir raifonner. Le prix du Change n'eft guères meilleur, à moins que de le comparer avec celui de toutes les Nations, & de connoître aufli les proportions des différentes fommes remifes, ce que l'on peut affûrer hardiment être impoffible. Tout homme, qui a raifonné fur ce fujet, a toûjours prouvé fa Théorie, quelle qu'elle fût, par des faits & par des calculs, & par un détail de toutes les Commodités que l'on envoie à l'Etranger.

Les Ecrits de M. GE'E (*a*) frappèrent la Nation d'une terreur univerfelle, quand on vit qu'il démontroit clairement par un détail de particularités, que la Balance étoit contre elle pour une fomme fi confidérable, que dans cinq ou fix ans elle devoit refter fans un fcheling : mais heureufement vingt ans fe font depuis écoulés, avec une guerre étrangere très-coûteufe ; & cependant on fuppofe communement que l'Argent eft encore plus abondant parmi nous, que dans aucune autre époque des tems qui ont précédé.

(*a*) *The Trade And Navigation of Great-Britain.* Chap. *XXXIV*.

Rien n'eſt plus amuſant ſur ce ſujet que les Ouvrages du Docteur Swift, Auteur qui a plus d'eſprit que de connoiſſance, plus de goût que de jugement, plus d'humeur, de préjugé & de paſſion que de quelque autre qualité que ce ſoit. Il dit dans ſon court examen de l'état de l'Irlande, que tout l'argent de ce Royaume ne monte qu'à cinq cens mille livres ſterling ; que de ce fonds on en remettoit tous les ans près d'un million à l'Angleterre, & que les Irlandois n'avoient preſque aucun moyen de faire quelques compenſations & peu de Commerce étranger, que par l'importation des vins de France qu'ils payent en argent comptant. La conſéquence de cette ſituation, que l'on doit avouer être dèſavantageuſe, étoit que dans le cours de trois ans, l'argent monnoyé d'Irlande de cinq cens mille livres ſterling, ſeroit réduit à moins de deux cens mille. Aujourd' hui, ſuivant ce calcul, ce fonds doit donc abſolument être réduit à rien : cependant je ne comprens pas comment cette opinion de la ruïne entiere de l'Irlande, qui a cauſé tant d'indignation à ce Docteur, paroît continuer encore, & s'accrédite même de plus en plus parmi tant de gens.

Enfin la Balance du Commerce eſt de telle nature, que toutes les fois qu'un homme
eſt mécontent du Miniſtere, ou qu'il a des
vapeurs, elle lui paroît toûjours contraire;
& comme on ne peut le réfuter par un détail
particulier de toutes les exportations, qui con-
trebalancent les importations, il eſt plus à
propos de répendre ici à ces vaines declama-
tions par un argument général, qui prouve
l'impoſſibilité de cet événement, auſſi long-
tems que nous conſerverons notre Peuple &
notre induſtrie.

Suppoſons que quatre parties de tout l'argent de la Grande-Bretagne fuſſent anéanties
dans une nuit, & qu'à cet égard la Nation
fût réduite à la même condition qu'elle étoit
ſous les Regnes des Henris & des Edouards;
quelle en ſeroit la conſéquence? Le prix
du travail & des denrées ne tomberoit-il pas
à proportion, & chaque choſe ne ſeroit-elle
pas à auſſi bon marché qu'elle l'étoit de ce
tems-là? Quelle Nation pourroit alors nous
le diſputer dans le Commerce avec l'Etranger, ou prétendre de naviguer, ou de vendre le produit de ſes Manufactures au même
prix qui nous apporteroit un profit ſuffiſant?
En combien peu de tems donc cet avantage
ne nous feroit-il pas revenir tout l'argent que

nous aurions perdu, ce qui nous remettroit
tout de suite de niveau avec toutes les Nations voisines.   A peine y serions-nous arri-
vés, que nous perdrions de nouveau cet avantage du bon marché, du travail & des Commodités :   ainsi ce flux surabondant d'argent
seroit arrêté par notre plénitude & notre ré-
plétion.

Je suppose encore que tout l'argent de la
Grande-Bretagne vînt à quadrupler dans une
nuit, l'effet contraire n'arriveroit-il pas nécessairement ?   Ne faudroit-il pas que tout
le travail & les Commodités montassent à un
prix si exorbitant qu'aucune Nation ne seroit
en état d'acheter de nous? tandis que de l'autre côté leurs commodités deviendroient à si
bon marché, en comparaison des nôtres,
qu'en dépit de toutes les Loix que l'on pourroit faire, elles entreroient chez nous, &
que notre argent en sortiroit, jusqu'à ce que
nous fussions redevenus de niveau avec les
Etrangers, & que nous eussions perdu cette
grande supériorité de richesses qui nous auroit exposés à ces dèsavantages.

Il est donc évident que les mêmes causes
qui corrigeroient ces inégalités exorbitantes,
si quelque miracle venoit à les produire, doivent les empêcher d'arriver dans le cours ordinaire

dinaire de la nature, & conſerver pour jamais, dans toutes les Nations voiſines, l'argent proportionné à l'art & à l'induſtrie de
chaque Peuple.

Toute l'eau, quelque part qu'elle ſe communique, demeure toûjours de niveau. De-
mandez-en la raiſon aux Naturaliſtes ; ils
vous diront que ſi elle avoit à s'elever dans
un endroit, la gravité ſupérieure de cette
partie n'étant pas balancée, doit l'abbaiſſer,
juſqu'à ce qu'elle rencontre un contrepoids ;
& que la même cauſe qui réprime l'inégalité
quand elle arrive, doit la prévenir pour toûjours, à moins de quelque opération violente & extérieure (*a*).

Peut-on imaginer qu'il eût jamais été poſſible par quelque Loi, ou même par quelque Art ou induſtrie que ce fût, de conſer-

---

(*a*) Il y a une autre cauſe, quoique plus limi-
tée dans ſon opération, qui maintient juſte la Balance du Commerce dans chaque Nation où le
Royaume trafique. Lorſque nous importons
plus de denrées, que nous n'en exportons, le
change tourne contre nous, & c'eſt un nouvel encouragement pour exporter juſqu'à la concurrence des frais de voiture & des aſſûrances de l'argent ;
car le change ne peut pas monter plus haut que
cette ſomme.

Tome I. J

ver en Espagne tout l'argent que les Gallions
ont apporté des Indes ?   Ou que toutes les
Commodités pourroient être vendues en
France pour la dixiéme partie du prix qu'elles auroient couté de l'autre coté des Pyrénées,
sans trouver le moyen de s'y introduire, &
par conséquent de diminuer cet immense trésor ? Quelle autre raison, en vérité, peut-
on donner du gain que font à présent toutes
les autres Nations, dans leur Commerce
avec l'Espagne & le Portugal, si ce n'est, qu'il
en est de l'Argent comme d'un fluide, qu'il
est impossible d'amasser, au-dessus de son propre niveau.

Les Souverains de ces contrées ont assez
témoigné l'envie qu'ils auroient eû de garder pour eux-mêmes leur or & leur argent,
si la chose eût été possible (*a*): mais com-

(*a*) M. M u n, *dans son excellent Ouvrage sur
le Commerce étranger d'Angleterre, que je cite si
souvent, a fait un Chapitre exprès, c'est le sixieme,
pour prouver que toutes les défenses du Roi d'Espagne
ne peuvent empêcher que l'argent ne sorte de ses Etats.*
„Aussi, comme le remarque M. L o c k, c'est un
„crime en Espagne que de transporter les espèces ;
„malgré cela, elles sortent en plein jour, & elles
„suivent le courant du Commerce, nonobstant la
„rigueur de la Loi." *Some considerations of the*

me tout corps d'eau peut-être élevé au-deſſus du niveau de l'Elément qui l'environne,

---

conſequences, of the lowering, of intereſt, and raiſing, the value, of money.

Enfin un Eſpagnol lui-même, le premier qui ait entrepris d'éclairer ſes Compatriotes, en adoptant ces principes, ne craint pas d'avancer que : „Les prohibitions & les Loix pénales, même cel„les qui emportent avec elles la perte des biens & „de la vie, n'empêchent point la ſortie de l'or & „de l'argent d'un Pays ; que des ſiècles entiers „d'expérience prouvent leur inſuffiſance, tant en „Eſpagne, que dans d'autres Pays, & que l'on „n'a encore pû imaginer d'autre précaution un „peu ſûre contre cette extraction, que d'empê„cher que l'Eſpagne ne fût débitrice des autres „Etats." *Théorie & Pratique du Commerce & de la Marine de Don Geronymo* DE UZTARIZ, *Chapitre XVII.* A Paris, chez la Veuve Etienne & Fils, rue Saint Jacques, 1753. Cet Ouvrage parut pour la premiere fois en Eſpagnol en 1724. il n'a pas été inutile aux Anglois qui ont écrit depuis ſur le Commerce ; il eſt rempli de détails très-inſtructifs pour ceux qui veulent étudier cette grande partie. L'Auteur des *Elémens du Commerce*, à qui nous en devons la Traduction, l'a accompagnée de Notes qui en relevent le prix, & qui prouvent que rien de ce qui regarde le Commerce ne lui eſt étranger.

I ij

pourvû qu'il n'y ait aucune communication entre les deux ; il en eſt de même à l'égard de l'Argent, il ſe peut trouver dans une grande inégalité avec celuy des autres Pays ſi la communication en eſt coupée par quelque empêchement materiel & phyſique ; car toutes les Loix ſeules ſeroient inſuffiſantes. Ainſi la diſtance immenſe de la Chine & les Monopoles de nos Compagnies des Indes, empêchant la communication, conſervent en Europe l'or & ſur-tout l'argent dans une beaucoup plus grande abondance qu'on ne les trouve dans ce Royaume.

Mais malgré cette grande obſtruction, la force des cauſes dont j'ai parlé, eſt toûjours évidente. En général il y a en Europe beaucoup plus d'habileté & d'adreſſe qu'à la Chine, à l'égard des Arts manuels & des Manufactures ; cependant nous n'avons jamais été en état de trafiquer en ce pays-là ſans de grands déſavantages ; & ſans les remplacemens continuels que nous recevons de l'Amérique, l'argent tomberoit bien-tôt en Europe, & monteroit à la Chine juſqu'à être prèſque de niveau dans l'une & dans l'autre Contrée. Aucun homme raiſonnable ne peut douter que ſi cette Nation induſtrieuſe étoit auſſi voiſine de nous que la Pologne ou la Barbarie, elle n'épuisât le surplus de notre espèce, & n'attirât à elle la partie la plus considérable des trésors des Indes Occidentales. Pour expliquer la nécessité de cette opération, nous n'avons pas besoin d'avoir recours à une attraction physique. Il y a une attraction morale résultante des intérêts & des passions des hommes, qui n'est ni moins puissante, ni moins infaillible.

La Balance peut-elle être conservée dans les Provinces de chaque Royaume entre elles, autrement que par la force de ce principe, qui fait qu'il est impossible à l'Argent de perdre son niveau, & de hausser ou de baisser au-delà de la proportion du travail & des commodités qui sont dans chaque Province? Si une longue expérience ne nous rassûroit pas à ce sujet, quel fonds de tristes réflexions ne nous offriroit pas un mélancolique Campagnard de la Province d'Yorck, dans des calculs où il supputeroit & amplifieroit toutes les sommes que Londres tire par les taxes, les commodités, &c. tandis qu'en comparaison les articles opposés se trouveroient si inférieurs? Il n'est pas à douter que si l'Heptarchie eût subsisté en Angleterre, le Ministere de chaque Etat n'eût été continuellement alarmé par la crainte d'avoir contre soi la Balance ; & comme il eſt probable que la haine mutuelle de ces Etats eût été extrèmement violente, à cauſe de leur étroit voiſinage, chaque Gouvernement eût chargé & opprimé tout Commerce par des précautions ſuperflues.

Depuis que l'union de l'Angleterre & de l'Ecoſſe a ſuprimé les barrieres qui les ſéparoient, laquelle de ces deux Nations gagne-t-elle ſur l'autre par ce libre Commerce ? Si l'Angleterre a reçu quelque augmentation de richeſſes, peut-on l'attribuer à autre choſe qu'à ſon augmentation d'art & d'induſtrie ? Nous apprenons par l'Abbé DU BOS (*a*) qu'avant la réunion, on appréhendoit communement en Angleterre que ſes tréſors ne paſſaſſent en Ecoſſe, ſi-tôt qu'un Commerce ouvert y ſeroit permis ; les Ecoſſois eux-mêmes craignoient exactement tout le contraire : le tems a fait voir ſi de part & d'autre on avoit raiſon.

Ce qui arrive en de petites portions du Genre humain, doit avoir lieu en de plus grandes. Les Provinces de l'Empire Romain gardoient ſans doute leur Balance en-

____

(*a*)   Les intérêts d'Angleterre mal entendus.

tre elles & avec l'Italie, indépendamment des attentions du Gouvernement; aussi-bien que les différentes Provinces de l'Angleterre, ou les différentes Paroisses de chaque Province. Tout homme aujourd'hui qui voyage en Europe, peut voir par les prix des denrées, que l'Argent en dépit de l'absurde jalousie des Princes & des Etats, s'est mis de lui-même à peu près de niveau, & que la différence entre un Royaume & un autre, n'est pas plus grande, à cet égard, qu'elle l'est souvent entre les différentes Provinces du même Royaume. Les hommes se rassemblent naturellement dans les Capitales, dans les Ports de mer, ou sur les rivieres navigables. Là nous trouvons plus d'hommes, plus d'industrie, plus de travail, & par conséquent plus d'Argent; mais la derniere différence est encore en proportion avec la premiere, & le niveau est toûjours conservé (a).

(a) Il faut observer avec soin que dans tout ce Discours, par-tout où je parle du niveau de l'argent, j'entens toûjours son niveau proportionné aux commodités, au travail, à l'industrie & à l'habileté qui est dans chaque Etat: j'ose assûrer que dans les Pays où ces avantages sont le double, le triple, le quadruple de ce qu'ils sont dans les

Notre jaloufie & notre haine, à l'égard de la France, font fans bornes, & il faut avouer que le premier fentiment eft très-raifonnable & très-bien fondé.   Ces paffions ont occafionné des barrieres innombrables, & les plus fortes obftructions au Commerce, où nous fommes acculés d'être ordinairement les Aggreffeurs : mais qu'avons-nous gagné à ce marché ?   Nous avons perdu le Commerce de nos Manufactures de laine que nous avions avec la France, & nous avons tranfféré celui du vin à l'Efpagne & au Portugal, où nous achetons à plus haut prix une beaucoup plus mauvaife liqueur.   Il y a peu d'Anglois qui ne cruffent leur pays abfolu-

---

autres Etats, l'argent fera auffi infailliblement double, triple ou quadruple.   La feule circonftance qui peut détruire l'exactitude de ces proportions, font les frais de tranfport des commodités d'un lieu à un autre, & ces frais font quelquefois inégaux.   Ainfi le blé, le bétail, le fromage & le beurre de la Province de Derby ne peuvent tirer d'argent de Londres, autant que les Manufactures de Londres en tirent de Derby.   Mais cette objection n'eft qu'apparente, car autant le tranfport des commodités eft coûteux, autant la communication entre les Places trafiquantes eft embarraffée & imparfaite.

ment ruïné, fi l'on vendoit en Angleterre les vins de France à fi bon marché & en telle abondance, qu'ils puffent, s'il eft permis de parler ainfi, fupplanter toute l'Aile (*a*) & les autres liqueurs qui fe braffent chez nous (*b*).

(*a*) Sorte de Biere fans Houblon.

(*b*) *Quoique la façon de penfer de* M. GÉE *foit tout autre que celle de* M. HUME, *la réflexion qu'il fait à ce fujet ne laiffe pas de prouver la même chofe. Elle mérite d'être rapportée en fon entier, attendu qu'elle ne tient pas moins à ce qui regarde les mœurs, qu'à ce qui intéreffe le Commerce :* „Avant le commencement de la Guerre du Roi „Guillaume, notre grande confommation de vins „étoient ceux de France ; & les plus chers de ceux „que nous en tirions annuellement, n'excédoient „pas dix-huit ou vingt livres fterling par tonneau. „Le vin de Florence étant le plus cher & le plus „rare, étoit généralement celui qui étoit le plus „eftimé. La défenfe des vins de France les ren- „dit bien-tôt chers, & conféquemment ils devin- „rent les plus à la mode ; & celui qui payoit le „plus cher pour fon Clairet *(vin de Bourdeaux)* „paffa pour le Gentilhomme le plus accompli. „Les Particuliers de Bourdeaux qui pouvoient „garder leur vin trouverent auffi-tôt notre foible ; „& au-lieu de vendre leurs meilleurs vins aux mê- „mes prix qu'avant la guerre les firent monter à „quatre-vingt livres fterling ou plus par tonneau, „& quelques Marchands particuliers aimerent

Mais en n'écoutant pas le préjugé, il ne feroit peut-être pas difficile de prouver que rien ne pourroit être plus innocent, peut-être plus avantageux (*a*). Chaque nouvel

---

„mieux les tenir à ces hauts prix, que de les avoir „à meilleur marché. Je reprochai à un de ces „Marchands la grande folie que je croyois que „c'étoit de renchérir ces prix fur nous-mêmes. „Il me répondit que plus les prix que ce vin leur „coûtoit, étoient chers au-dehors, plus grands „étoient les profits qu'ils étoient fûrs de faire à le „vendre; que les gens riches ne le trouveroient „pas bon, à moins qu'il ne leur coûtât cinq ou „fix fchelings la bouteille; cependant je crois que „l'on pourroit remédier à ce mal, & qu'on pour- „roit avoir ces vins à beaucoup meilleur marché; „car aucune autre Nation ne peut les payer la „moitié de ce que nous en donnons à préfent."

(*a*) M. M u n, *dont le fentiment doit être d'une grande autorité, dans tout ce qui regarde le Commerce de fon Pays, remarque que l'Angleterre perd fouvent au-lieu de gagner, en chargeant l'entrée de certaines denrées de droits excejfifs.* „Nous de- „vons faire attention, dit-il, que tout le domma- „ge de cette efpèce que nous faifons fupporter „aux Etrangers, devient à l'inftant dans leur Pays „une Loi contre nous, fpécialement dans ceux où „nous faifons notre plus grand Commerce, avec „des voifins attentifs, qui favent profiter de l'oc- „cafion, & trouver les moyens pour s'affûrer

Acre de vigne planté en France, pour fournir des vins à l'Angleterre, obligeroit les
François pour subsister eux-mêmes de recevoir le produit d'un Acre Anglois semé en
blé ou en orge, & il est évident que nous
gagnerions par-là l'avantage de la meilleure
denrée.

„dans leur trafic des privilèges égaux à ceux des
„autres Nations; & qu'ainsi nous nous privions
„nous-mêmes de cette liberté & de ces ressources,
„que nous aurions pour augmenter le trésor de
„l'Etat, & qu'en même tems nous perdons la ven-
„te de beaucoup de commodités que nous porte-
„rions en diverses Places, par où nous diminuons
„tout à la fois notre Commerce & notre trésor.
„Si la Balance du Commerce est contre nous, il
„faut que notre argent sorte du Royaume; com-
„ment prévenir ce mal? en liant les mains aux
„Etrangers & en les laissant libres aux Anglois.
„Les mêmes raisons & les mêmes avantages ne fe-
„ront-ils pas faire à ceux-ci ce qui étoit fait aupa-
„ravant par les premiers? Ou si nous faisons un
„Réglement, sans exemple, pour retenir égale-
„ment les uns & les autres, ne renverserons nous
„pas tout d'un seul coup? Une pareille restriction
„doit nécessairement détruire beaucoup de Com-
„merce, & par conséquent diminuer les droits du
„Roi & les profits du Royaume, &c."
    Chapitre X.

Il y a plusieurs Edits du Roi de France qui défendent de planter de nouvelles vignes, & qui ordonnent que toutes celles qui ont été nouvellement plantées feront arrachées, tant on est convaincu en ce Pays de la valeur supérieure du blé sur toute autre production.

Le Maréchal DE VAUBAN se plaint souvent, & avec raison, des droits absurdes dont on charge l'entrée des vins de Languedoc, de Guyenne, & des autres Provinces méridionales, qui s'envoient en Bretagne & en Normandie. Il ne doute pas que ces dernieres Provinces ne pussent conserver leur Balance, malgré le Commerce ouvert qu'il propose. Il est évident que quelques lieues de plus de navigation en Angleterre ne feroient aucune différence, ou s'il en arrivoit quelqu'une, que son effet se porteroit également sur les commodités des deux Royaumes.

Il y a, à la vérité, un moyen par lequel on peut faire baisser, & un autre par lequel on peut faire hausser l'Argent au-dessus de son niveau naturel en quelque Royaume que ce soit; mais ces cas, lorsqu'ils feront bien examinés, rentreront dans notre Théorie générale, & lui donneront encore une nouvelle autorité.

Je ne connois point de méthode plus fûre, pour faire tomber l'Argent au-deffous de fon niveau, que ces établiffemens de Banques, de fonds & de papiers de Crédit, dont nous fommes fi infatués en ce Royaume. Ces Banques rendent le papier équivalent à l'argent, le font circuler dans tout l'Etat, lui font tenir lieu d'or & d'argent, hauffent en proportion le prix du travail & des Commodités, & par ce moyen, ou font fortir une grande partie de ces précieux métaux, ou les empêchent de s'accroître davantage. Que nos raifonnemens fur ce fujet montrent combien nous avons la vûe courte ! Nous nous imaginons que parce qu'un individu feroit beaucoup plus riche, fi fon fonds d'argent étoit doublé, que le même effet avantageux arriveroit fi l'argent de chaque Particulier augmentoit ; ne confidérant pas que le prix de toute chofe haufferoit d'autant, & réduiroit par-là chacun avec le tems à la même condition qu'auparavant. C'eft feulement dans nos Négociations publiques, & dans nos engagemens avec les Etrangers, qu'un plus grand fonds d'argent eft avantageux ; & comme là nos papiers ne font abfolument d'aucune valeur, nous fentons par ces moyens tous les mauvais effets que produit

une grande abondance d'argent, fans récueil-
lir aucun des avantages.

Suppofons qu'il y a douze millions de papiers qui circulent dans le Royaume comme
de l'argent, (car nous ne devons pas imaginer que tous nos fonds énormes font employés dans cette forme) & fuppofons que
l'argent réel du Royaume monte à dix-huit
millions. Voici un Etat qui, comme l'expérience le démontre, peut foûtenir un
fonds de trente millions. Je dis que s'il eft
en état de le foûtenir, il l'eût acquis néceffairement en or & en argent, fi nous n'euffions empêché l'entrée de ces métaux par
cette nouvelle invention de papiers. D'où
auroit-il tiré cette fomme? De tous les
Royaumes du monde? Mais pourquoi?
Parce que fi vous ôtez ces douze millions,
l'argent eft dans l'Etat au-deffous de fon niveau comparé avec nos voifins, & il faut
qu'auffi-tot nous tirions d'eux tous, jufqu'à
ce que nous foyons pleins, & que, pour
ainfi dire, nous n'en puiffions plus tenir.
Par notre fage politique, nous fommes fi
foigneux de farcir la Nation de cette belle
denrée de Billets de banque & autres papiers, qu'il femble que nous ayons

peur d'être furchargés d'or & d'argent (*a*).

(*a*) *On ne peut pas, fur un article d'une fi grande conféquence dans le Commerce, être d'avis plus
diamétralement oppofés, que le font* M. H U M E *&*
M. M E L O N. *L'Auteur François regrette ce dont
l'Anglois fe plaint.*

„La circulation des fonds eft une des grandes
„richeffes de nos voifins; leur Banque, leurs An-
„nuités, leurs Actions, tout eft Commerce chez
„eux. Les fonds de notre Compagnie feroient
„comme morts, dans le tems que fes Vaiffeaux
„les tranfportent d'une Partie du monde dans l'au-
„tre, fi par la repréfentation des actions fur la
„Place, ils n'avoient une feconde valeur réelle,
„circulante, libre, non exigible, & par confé-
„quent non fujette aux inconvéniens d'une mon-
„noie de crédit, & en ayant néanmoins des pro-
„priétés effentielles." *Chapitre VI. Des Compagnies exclufives.*

*L'avantage de la France eft incontestable dans les
cas de néceffités publiques. A l'égard du Commerce,
celui de l'Angleterre, que l'on fait confifter dans cette multitude de papiers circulans, eft comme on voit
encore problématique en Angleterre même. Plufieurs Auteurs judicieux qui ont écrit fur ces matieres
font de l'avis de* M. Hume, *même de ceux a qui on
ne peut refufer & le titre & l'autorité d'Hommes
d'Etat. Je n'en nommerai qu'un, c'eft Mylord Bolingbroke, dont le fuffrage en Politique fera toû-*

Il n'eſt pas à douter que la grande abondance de matiere en France, eſt en grande partie dûe au manque de papier de crédit. Les François n'ont point de Banque. Les Billets des Négocians ne circulent pas parmi eux, comme parmi nous. L'uſure, ou le prêt ſur intérêt, n'eſt point directement permis chez eux. Ainſi pluſieurs Citoyens ont des ſommes conſidérables dans leurs coffres. Il y a beaucoup d'argenterie dans les maiſons particulieres, & toutes les Egliſes en ſont pleines. Par ce moyen les denrées & le travail ſont encore à beaucoup meilleur marché parmi eux, que chez des Nations qui ne ſont pas la moitié ſi riches en or & en argent. L'avantage de cette ſituation en fait de Commerce, auſſi-bien que dans le cas des néceſſités publiques, eſt trop évident pour être diſputé.

Le même uſage, qui a lieu en Angleterre & en Hollande, de ſe ſervir de porcelaine au-lieu de vaiſſelle d'argent, prévalut il y a quelques années à Gènes; mais le Sénat, qui en prévit ſagement les conſéquences,

---

jours du plus grand poids. *Je renvoie le Lecteur à ſes* REFLEXIONS ſur l'Etat préſent de l'ANGLETERRE.

dé-

défendit qu'on se servît de cette brillante commodité au-delà d'une certaine proportion, tandis qu'il laissa l'usage de la vaisselle d'argent illimité. Je suppose que la République, dans les dernieres extrémités où elle a été réduite depuis peu, a ressenti les bons effets de cette sage Ordonnance (*a*).

Avant l'introduction des papiers de Crédit dans nos Colonies, elles avoient assez d'or & d'argent pour leur circulation : depuis l'introduction de cet effet, le moindre des inconvéniens qui en soient résultés est le bannissement total de ces précieux métaux (*b*). Or après l'abolition du papier, peut-on douter que l'Argent n'y retourne, tandis que ces Colonies posséderont les Manufactures & les Commodités, les seules choses estimables dans le Commerce, & pour lesquelles uniquement tous les hommes désirent de l'argent?

(*a*) Dans cette vûe, notre taxe sur la vaisselle d'argent est peut-être contre la bonne politique.

(*b*) „Il est sur-tout important de laisser libre „la sortie de l'argent mis en œuvre, comme vais-„selle d'argent, bijoux, parce que le Commerce „y gagne la main de l'Ouvrier, & le Roi le contrôle."

M. Melon, *Chapitre XIX. de son Essai Politique.*

Tome I.   K

Quel dommage que Lycurgue n'ait pas pensé au papier de crédit, lorsqu'il vouloit bannir l'or & l'argent de Sparte! Il eût mieux répondu à ses fins que les morceaux de fer qu'il mit en usage pour monnoie, & auroit aussi prévenu plus efficacement tout Commerce avec les Etrangers, comme étant intrinsèquement d'une valeur moins réelle (*a*).

Mais comme nos projets favoris de papier de crédit, sont pernicieux, étant presque le seul expédient par lequel nous pouvons faire tomber l'argent au-dessous de son niveau. A mon avis aussi, le seul moyen par lequel nous pouvons le porter au-dessus de ce même niveau, est une pratique contre laquelle

---

(*a*) „Pour bannir encore plus sûrement les ri-
„chesses & le luxe de son Pays, Lycurgue imagi-
„na d'en bannir l'or & l'argent & de substituer à
„leur place une monnoie de fer, de si peu de va-
„leur, qu'aucun Particulier ne pouvoit avoir chez
„lui de quoi fournir à ses besoins pendant un mois.
„Il ne soupçonnoit pas qu'il pût y avoir d'autre
„gage des échanges, ou des représentations d'ar-
„gent, & il avoit trouvé le secret d'appauvrir sa
„Nation, & de la faire vivre comme les Dervi-
„ches les plus austeres, à quoi les Lacédémoniens
„auroient assez ressemblé, s'ils n'avoient eu de
„plus les fatigues de la guerre."
M. MѐLON, *Chapitre XIV*.

tout le monde s'écrieroit comme deſtructive;
c'eſt-à-dire, d'amaſſer des ſommes conſidérables dans le tréſor public, de les y enfer-
mer, & d'en prévenir abſolument la circulation. Le fluide ne communiquant pas avec
l'élément voiſin, peut, par un pareil artifi-
ce, être élevé à la hauteur qu'on veut lui
donner.

Pour prouver ceci, nous n'avons qu'à
ſuppoſer de nouveau l'anéantiſſement de la
moitié, ou de quelque partie de notre argent: nous trouverons que la conféquence
immédiate d'un pareil évènement, feroit
qu'il attireroit une ſomme égale de tous les
Royaumes voiſins; & il ne paroît pas, par
la nature des choſes, qu'il y ait des bornes
néceſſaires à mettre à cette pratique d'entaſ-
fer l'eſpèce. Une petite Ville, comme Ge-
nève, en continuant cette politique pendant
quelques ſiècles, pourroit ſe rendre Maî-
treſſe des neufs dixièmes d'argent de l'Europe. Il ſemble, à la vérité, que dans la nature de l'homme on trouve un obſtacle in-
vincible à cet immenſe accroiſſement de richeſſes. Un Etat foible, avec un tréſor ſi
conſidérable, deviendroit bien-tôt la proie
de quelqu'un de ſes voiſins plus pauvre, mais
plus puiſſant. Un grand Etat diſſiperoit ſes

richeffes en projets dangereux & mal concer-
tés, & probablement détruiroit en même
tems ce qui eft plus précieux que l'argent,
l'induftrie, les mœurs & le nombre de fes
Sujets.   Le fluide en ce cas élevé à une trop
grande hauteur, force & brife le vafe qui le
contient, & fe mêlant avec l'élément qui
l'environne reprend bien-tôt fon niveau
naturel.

Ce principe nous eft fi peu familier, que
quoique tous les Hiftoriens s'accordent à
rapporter uniformement un événement auffi
récent que l'immenfe tréfor amaffé par Henri VII. (qu'ils font monter à un million fept
cens mille livres fterling) nous rejettons
plutôt le concours de leurs témoignages,
que d'admettre un fait qui quadre fi peu avec
des préjugés auffi enracinés que les nôtres.

Il y a grande apparence, à la vérité, que
tout l'argent qui eft en Angleterre ne monte
guères qu'au quatrième de cette fomme;
mais où eft la difficulté qu'un Prince adroit,
avide, frugal & de plus Monarque prefque
arbitraire, pût en amaffer une pareille?   Il
n'eft pas même probable que le Peuple ait
dû s'apercevoir d'une maniere fenfible de la
diminution de l'argent circulant, ou qu'elle
ait pû lui porter aucun préjudice.   Le prix

de toutes les commodités tombant à proportion, a dû remplacer immédiatement cet argent, en donnant à l'Angleterre l'avantage dans son Commerce avec tous les Royaumes voisins.

N'avons-nous pas un exemple dans la petite République d'Athènes avec les Alliés, qui dans l'espace d'environ cinquante ans, entre la guerre de Médie & celle du Péloponèse, amassa une somme plus grande que celle de Henri (*a*) VII? Car tous les Historiens (*b*) & les Orateurs (*c*) Grecs conviennent que les Athéniens ramasserent dans la Citadelle plus de dix mille talens, qu'ils dissiperent après à se ruïner par des entreprises imprudentes & téméraires; mais lorsque cet argent rentra dans le Commerce, & que le fluide commença à se mêler avec l'élément qui l'environnoit, quelle en fut la conséquence? Resta-t-il dans l'Etat? Non, car nous trouvons par le cens mémorable dont Demosthènes (*d*) & Polybe (*e*) font men-

---

(*a*) Il y avoit environ huit onces d'argent dans la livre sterling du tems de Henri VII.

(*b*) *Thucidides Lib. 2. Diod. Sic. Lib. 12.*

(*c*) *Vid. Æschinis & Demosthenis Epist.*

(*d*) Περὶ Συμμορίας.

(*e*) *Lib. 2, cap. 62.*

K iij

tion, qu'environ cinquante ans après toute la valeur de la République, y compris les terres, les maisons, les marchandises, les esclaves & l'argent étoit au-dessous de six mille talens.

Quelle étoit l'élévation d'esprit & l'ambition de ce Peuple, d'amasser & de garder dans leur trésor pour servir à leurs conquêtes, une somme qu'il étoit chaque jour dans le pouvoir des Citoyens, par une simple délibération de se distribuer parmi eux, & qui auroit presque triplé les richesses de chaque Particulier! car nous devons observer que selon les Anciens Historiens, les richesses publiques & particulieres des Athéniens n'étoient pas plus grandes au commencement de la guerre du Péloponèse, qu'au commencement de celle de Macédoine.

L'Argent n'étoit guères plus abondant dans la Grèce dans les tems de Philippe & de Persée, qu'en Angleterre durant le régne d'Henri VII. Cependant ces deux Monarques en trente ans (*a*) amasserent dans le petit Royaume de Macédoine, un trésor beaucoup plus grand que celui du Monarque Anglois. Paul Emile apporta à Rome en-

____

(*a*) *Titi Livii, Lib. 45. Cap. 40.*

viron un million sept cens mille livres sterling (*a*). Pline dit deux millions quatre cens mille (*b*), & cette somme n'étoit qu'une partie du trésor de Macédoine, le reste fut dissipé par la résistance & la fuite de Persée.

Nous apprenons de Stanyan, que le Canton de Berne a prêté trois cens mille livres à intérêt, & qu'il y en avoit plus de six fois autant dans le trésor public (*c*). Voici donc une somme amassée d'un million huit cens mille livres sterling qui est au moins le quadruple de ce qui devroit circuler naturellement dans un si petit Etat. Cependant en voyageant dans le Pays de Vaux, ou en

____

(*a*) *Vell. Paterc. Lib. 1. Cap. 9.*

(*b*) *Lib. 33. Cap. 3.*

(*c*) Cet argent mis en dépôt dans les différentes Villes de la République Helvétique, est le produit du Commerce qu'elle fait de ses hommes avec les autres Etats, & il n'est pas totalement enlevé à la Circulation du Pays. D'ailleurs c'est une vérité reconnue que pour la facilité des échanges, il n'est besoin dans tout Etat que d'une partie de l'argent qui y est ordinairement. Petty & Davenant l'ont prouvé; on trouve un Calcul demonstratif à ce sujet dans le Discours Préliminaire du *Négociant Anglois.*

toute autre partie de ce Canton, on ne remarque pas qu'il y ait moins d'argent qu'on n'en doit naturellement suppofer dans un Pays de cette étendue, & qui auroit à peu près le même fol & la même fituation: au contraire, il y a peu de Provinces intérieures dans le continent de France ou d'Allemagne où les Habitans foient aujourd'hui auffi opulens; quoique ce Canton ait prodigieufement augmenté fon tréfor depuis 1714. le tems où Stanyan a écrit le compte judicieux qu'il a rendu de la Suiffe (*a*).

Ce qui eft rapporté par Appien (*b*) du tréfor des Ptolomées eft fi prodigieux, qu'on ne peut l'admettre, d'autant plus que l'Hiftorien dit que malgré la frugalité des autres fucceffeurs d'Alexandre, plufieurs d'entre eux avoient des tréfors qui n'étoient pas de beaucoup inférieurs. Cet efprit d'économie des Princes voifins, doit fuivant la théorie précédente, avoir arrêté la frugalité des

---

(*a*) La pauvreté, dont Stanyan parle, ne fe remarque que dans les Cantons les plus montagneux, où il n'eft pas aifé à l'argent de fe répandre; encore les Peuples n'y font-ils pas plus pauvres que dans le Diocèfe de Saltzbourg d'un côté, ou dans la Savoye de l'autre.

(*b*) *Proëm.*

Monarques d'Egypte. La fomme dont il fait mention eft de fept cens quarante mille talens, ou de cens quatre vingt-onze millions cens foixante-fix mille fix cens foixante-fix livres fterling treize fchelings & quatre fols, fuivant le calcul du Docteur Arbuthnot; cependant Appien dit qu'il a extrait le compte qu'il en rend des Régiftres publics, & il étoit lui-même natif d'Aléxandrie.

De ces principes réfulte le jugement que nous devons former de ces empêchemens fans nombre, de ces obftructions, & ces impofitions que toutes les Nations de l'Europe & l'Angleterre plus que toutes les autres, ont mifes fur le Commerce, par un défir exorbitant d'amaffer de l'argent, qu'on ne peut jamais entaffer au-deffus de fon niveau tandis qu'il circule, ou par une crainte mal fondée de perdre l'efpèce qui ne fauroit tomber au-deffous. Si quelque chofe pouvoit diffiper nos richeffes, ce feroient des mefures fi contraires à la bonne politique. Il en réfulte encore ce mauvais effet, qu'elles privent les Nations voifines de cette liberté de communication & d'échange que l'Auteur de la Nature a eû en vüe en leur donnant des fols, des climats & des génies fi différens les uns des autres.

K v

Nos Politiques modernes par ce grand uſage du papier de crédit, embraſſent l'unique méthode de bannir l'argent, & rejettent en même tems le ſeul moyen de l'augmenter, c'eſt-à-dire, la pratique de l'entaſſer ; c'eſt ce qui les oblige d'avoir recours à cent manœuvres, qui ne ſervent qu'à arrêter l'induſtrie, & à nous priver, nous & nos voiſins, des bénéfices communs de l'art & de la nature.

Cependant toutes les Taxes ſur les commodités étrangeres ne ſont pas regardées comme inutiles, ou comme préjudiciables, mais uniquement celles qui ſont fondées ſur la jalouſie dont je viens de parler. Une Taxe ſur les toiles d'Allemagne encourage nos propres Manufactures, & augmente par-là notre Peuple & notre induſtrie. Comme il eſt néceſſaire d'établir des impoſitions pour le ſoûtien du Gouvernement, il doit paroître plus convenable de les mettre ſur les commodités étrangeres, qu'il eſt plus aiſé d'arrêter au Port & de ſoûmettre à ce droit. Nous devons pourtant toûjours nous ſouvenir de cette maxime du Docteur Swift, que dans l'Arithmétique des Douanes deux & deux ne ſont pas quatre, mais ſouvent ne ſont qu'un. Il eſt preſque certain que ſi les

droits fur le vin étoient réduits à un troifie-
me, ils rapporteroient beaucoup plus au
Gouvernement qu'à préfent. Notre Peuple feroit par-là à portée de boire une liqueur meilleure & plus faine. La balance
du Commerce, dont nous fommes fi jaloux,
n'en fouffriroit pas. La Manufacture de
l'Aile, au-delà de l'Agriculture, eft peu
confidérable, & n'emploie que peu de
mains. Le transport du vin & du blé n'en
occuperoient guères moins.

Mais n'y a-t-il pas, me direz-vous, des
exemples fréquens d'Etats & de Royaumes
qui étoient anciennement riches, & qui font
à préfent pauvres? L'argent qui y abondoit
autrefois, ne les a-t-il pas quittés? Je répons que fi ces Etats perdent leur Commerce, leur induftrie & leur Peuple, il leur eft
impoffible de garder leur or & leur argent;
car ces précieux métaux ne peuvent tenir
qu'en proportion de ces premiers avantages.
Lorfque Lisbonne & Amfterdam ont enlevé
le Commerce des Indes Orientales aux Vé-
nitiens & aux Génois, ces Villes leur ont
auffi enlevé les profits & l'argent qui en pro-
venoient. Où le fiège du Gouvernement eft
tranfporté, où l'on entretient de nombreu-
fes armées à de grandes diftances, où des

fonds confidérables font poffédés par des Etrangers, il doit réfulter naturellement de toutes ces caufes une diminution de l'efpèce. Mais nous pouvons obferver que ces manieres de faire fortir l'argent, font violentes & forcées, & qu'elles font fuivies communément du tranfport du Peuple & de l'induftrie: mais où le Peuple & l'induftrie demeurent les mêmes, où la caufe d'un trop grand écoulement ceffe, l'argent trouve toûjours le moyen de retourner par cent canaux, dont nous n'avons ni notion, ni foupçon. Quels immenfes tréfors n'ont-ils pas été répandus par tant de Nations, en Flandres depuis la Révolution, dans le cours de trois longues guerres! plus d'argent peut-être que la moitié de ce qui eft à préfent dans toute l'Europe. Mais qu'eft-il devenu? Eft-il dans le Cercle refferré des Provinces Autrichiennes? Non certainement. Il eft pour la plus grande partie retourné aux Pays dont il venoit, & a fuivi l'induftrie & les Arts par lefquels il avoit été acquis dans fon principe.

Enfin un Gouvernement a raifon de conferver avec grand foin fon Peuple & fes Manufactures: à l'égard de l'argent (*a*), il

______

(*a*) M. Mun va plus loin & prétend qu'il eft

peut en toute fûreté s'en fier au cours des af-

même avantageux, non-feulement de laiffer fortir l'argent d'un Etat, mais de le porter exprès à l'Etranger, pour l'échanger comme marchandife contre d'autres : c'eft le fujet du quatrième Chapitre de fon Livre, où il a pris à tâche d'approfondir cette importante queftion. M. Hume dans tout fon Ouvrage n'a fait que l'effleurer. Il eft certain que l'avis de M. Mun fur cette matiere doit en impofer : il avoit fait fortune en Citoyen, par une pratique conftante de ce qu'il enfeigne, auffi avantageufe à fa Patrie qu'à lui-même. S'il eft permis de comparer ce qu'il y a de plus utile pour la Société, aux chofes qui ne font qu'amufer un petit nombre de ceux qui la compofent, de quelle autorité ne font pas au Théatre les Réflexions que Corneille a faites fur fes Tragédies ? Ou fans parler des objets de pur agrément, & revenant à ceux d'un ordre bien fupérieur, puifqu'ils intéreffent tous les hommes, avec quelle confiance ne lifons-nous pas les Mémoires du Duc de Sully & le Teftament du Cardinal de Richelieu ? Ce dernier Ouvrage confervera toûjours toute fon autorité, malgré les efforts qu'un Poëte célèbre de ce fiècle a faits pour en enlever la gloire à ce grand Miniftre, & l'on ne peut favoir trop de gré au favant Académicien François, qui les a repouffés avec autant d'habileté que de force.

Je dois ajoûter que ce qui doit prévenir encore plus favorablement le Lecteur pour l'opinion de M. Hume, c'eft que fon Ouvrage, appuyé des

faires humaines; ou s'il fait attention à cette derniere circonstance, ce ne doit être qu'autant qu'elle peut intéresser la premiere.

---

représentations de plusieurs Négocians, produisit son effet, & que quelque tems après le Parlement donna un Acte pour autoriser l'exportation des matieres d'or & d'argent. L'Ouvrage est intitulé en Anglois : *ENGLAND'S TREASURE, by Forraign Trade : Or the Ballance of our Forraign Trade, is the rule of our Treasure, by THOMAS MUN of London Merchant. London 1664.* Il est traduit en François sous le Titre de *Traité du Commerce, dans lequel on trouvera les moyens dont on se peut légitimement servir pour s'enrichir, &c.* Jacques Morel, Libraire au Palais, en a donné une nouvelle édition en 1700. L'Auteur d'un Livre intitulé : *Britannia Languens Or a Discourse of Trade* (Discours sur le Commerce) adressé au Parlement & imprimé à Londres en 1689. se plaignit de l'Acte dont je viens de parler, & entreprit de réfuter les raisons de M. Mun : on peut voir les siennes, *Section IV. page 37. & suivantes.* Il ne détruit pas la solidité des principes qu'il attaque, & une partie de ceux qu'il est obligé d'admettre ne fait que confirmer le systême qu'il entreprend de combattre. Cela n'empêche pas que son Ouvrage ne soit d'ailleurs très-estimable, & plein d'excellentes Réflexions sur le Commerce. Aujourd'hui en Angleterre l'exportation de l'or & de l'argent, non monnoyés, est permise, pourvû qu'on la déclare.

✚ ✚ ✚

DISCOURS VI.

De la Balance du Pouvoir.

C'est une question à décider, savoir si la Balance du Pouvoir est dûe entièrement à la Politique moderne, ou si ce n'est seulement que la phrase qui a été inventée dans ces derniers tems. Il est certain que Xénophon (*a*), dans son Institution de Cyrus, fait naître la combinaison des Puissances Asiatiques, de la jalousie que leur avoit causée l'accroissement des forces des Médes & des Persans; & quoique cette élégante composition ne doive être regardée que comme un Roman, ce sentiment que l'Auteur attribue aux Princes Orientaux est du moins une preuve des notions qui prévaloient dans ces anciens tems.

Dans toute la Politique des Grecs l'inquiétude à l'égard de la Balance est très-visible, & les anciens Historiens nous en parlent très-expressément. Thucidide (*b*) représente la Ligue qui fut formée contre Athènes, &

____

(*a*) Liv. 1.
(*b*) Liv. 1.

qui produifit la guerre du Péloponèfe, comme entièrement due à ce principe. Lorfqu'Athènes commença à décliner, & que les Thébains & les Lacédémoniens difputoient pour la fouveraineté, nous trouvons que les Athéniens, auffi-bien que plufieurs autres Républiques, embrafferent toûjours le côté le plus foible, pour conferver la Balance. Ils furent pour Thébes contre Sparte, jufqu'à la grande victoire remportée à Leuctres par Epaminondas, après quoi immédiatement ils fe rangerent du côté des Vaincus; par générofité, comme ils le prétendoient, mais réellement par la jaloufie que les Vainqueurs leur avoit infpirée.

Quiconque lira les Oraifons de Démofthènes pour les Mégalopolitains, y doit voir fur ce principe les plus grands rafinemens qui foient jamais entrés dans la tête d'un Vénitien ou d'un Anglois contemplatif. La puiffance Macédonienne commence à peine à s'élever, que cet Orateur immédiatement en découvre le danger, fonne l'alarme par toute la Grèce, & affemble cette armée de Confédérés, qui fous les bannieres d'Athènes donna cette grande & décifive bataille de Charonée.

Il

Il est vrai que les Historiens regardent les guerres des Grecs comme des guerres d'émulation plutôt que de politique. Chaque Etat paroît moins avoir eû pour objet aucune éspérance d'autorité & de Souveraineté, que l'honneur d'être à la tête des autres. En effet, si nous considérons le petit nombre d'habitans de chaque République, comparé au total des Grecs, la grande difficulté de faire des sièges dans ces tems-là, la discipline & la bravoure extraordinaire de tout homme libre parmi cette généreuse Nation ; nous conclurons que la Balance du pouvoir étoit d'elle-même suffisamment assurée dans la Grèce, & qu'elle n'avoit pas besoin pour être maintenue de toutes les précautions qui peuvent être nécessaires dans d'autres siècles.

Mais soit que l'on attribue ces changemens de parti dans les Républiques Grecques, à une *émulation jalouse*, ou à une *Politique attentive*, les effets en étoient les mêmes, & toute puissance prédominante étoit sûre de voir s'élever contre elle une confédération, souvent composée de ses anciens amis & alliés.

Le même principe (qu'on l'appelle envie ou prudence) qui produisit l'Ostracisme d'Athènes & le Pétalisme (*a*) de Syracule, & qui banniſſoit tout Citoyen dont la réputation ou le pouvoir donnoient de l'ombrage aux autres ; ce même principe, dis-je, ſe découvre naturellement dans la Politique étrangere, & attiroit bien-tôt des ennemis à l'Etat prédominant, quelque modéré qu'il fût dans l'exercice de ſon autorité.

Le Roi de Perſe étoit réellement en force un petit Prince comparé aux Républiques Grecques, & par conſéquent, il lui convenoit plus pour ſa ſûreté que par émulation, de s'intéreſſer dans leurs querelles & de ſoûtenir à chaque occaſion le parti le plus foible. C'eſt l'avis que donna Alcibiade à Tiſſapherne (*b*), & c'eſt ce qui prolongea pendant près d'un ſiècle la durée de l'Empire des Perſes, juſqu'à ce que pour l'avoir négligé un moment, après que le génie entreprenant de Philippe eut commencé à ſe faire connoître ; cet édifice auſſi fragile qu'élevé, fut renverſé à terre avec une prompti-

---

(*a*) Toute la différence qu'il y avoit entre le Pétaliſme de Syracuſe & l'Oſtraciſme d'Athènes, conſiſte en ce que le premier étoit un exil de cinq ans & le ſecond un exil de dix.

(*b*) *Thucid. Lib. 8.*

tude dont il y a peu d'exemples dans l'Histoire du Genre humain.

Les successeurs d'Alexandre montrerent une grande jalousie à l'égard de la Balance du pouvoir, jalousie fondée sur la Politique & la véritable prudence, & qui conserva dans leur entier pendant plusieurs siècles les différens partages qu'ils firent après la mort de ce fameux Conquérant. La fortune & l'ambition d'Antigonus (*a*) les menacerent de nouveau d'une Monarchie universelle; mais leur confédération & leur victoire à Ipsus les sauva. Dans les tems suivans, nous trouvons que les Princes Orientaux regardant les Grecs & les Macédoniens comme la seule force militaire réelle avec laquelle ils pussent avoir affaire, ils avoient toûjours un œil très-attentif sur cette partie du Monde. Les Ptolomées en particulier se déclarerent d'abord pour Aratus & les Achéens, & ensuite pour Cléomène Roi de Sparte, dans le seul dessein de balancer les Rois de Macédoine; car c'est la raison que donne Polybe de la Politique des Egyptiens (*b*).

La supposition que les Anciens ne con-

____

(*a*) *Diod. Sic. Lib. 20.*
(*b*) *Lib. 2. Cap. 51.*

noiſſoient aucunement la Balance du pouvoir, me paroît avoir plus de fondement dans l'Hiſtoire Romaine que dans l'Hiſtoire Grecque; & comme les faits de la premiere en général nous ſont plus familiers, nous en avons tiré toutes nos concluſions. Il faut avouer qu'en aucun tems les Romains n'ont vû former contre eux des Confédérations générales, telles que l'on devoit les attendre de leurs rapides conquêtes & de leur ambition déclarée.

Leurs voiſins ſe ſont laiſſé ſubjuguer tranquillement les uns après les autres, jusqu'à ce que la République ait étendu ſon Empire ſur tout le Monde connu. Sans parler de l'Hiſtoire fabuleuſe de leurs guerres d'Italie, (*a*), il y eut, lorſqu'Annibal en-

---

(*a*) Il s'eſt élevé depuis peu parmi les Critiques, & à mon avis avec aſſez de fondement, de violens ſoupçons touchant les premiers ſiècles de l'Hiſtoire Romaine, comme s'ils étoient entièrement fabuleux, juſqu'après le ſac de la Ville par les Gaulois; & comme s'ils étoient encore ſuſpects quelque tems après, en un mot, juſqu'à celui où les Grecs ont commencé à faire attention aux affaires Romaines, & à les écrire. Ce Pyrrhoniſme cependant me paroît difficile à défendre dans toute ſon étendue, à l'égard de l'Hiſtoire domeſ-

vahit les Terres des Romains, une crife

tique de Rome, qui a quelque air de probabilité & de vérité, & qui ne peut guères être l'invention d'un Hiftorien, qui auroit eu affez peu de mœurs & de jugement pour fe permettre les fictions. Les révolutions paroiffent proportionnées à leur caufe; le progrès des factions eft conforme à l'expérience politique; les mœurs & les maximes du fiècle font fi uniformes & fi naturelles, qu'aucune Hiftoire réelle ne peut donner lieu à de plus juftes réflexions.

Le Commentaire de Machiavel fur Tite-Live (Ouvrage affûrément de beaucoup de génie & de jugement) n'eft-il pas entièrement fondé fur cette période de tems que l'on nous repréfente comme fabuleufe? Ainfi mon avis particulier eft qu'il faut compofer avec ces Critiques; il faut leur accorder que toutes les batailles, les victoires, les triomphes de ces fiècles reculés ont été extrèmement falfifiés, par des Mémoires de famille, comme Cicéron le dit quelque part: mais comme dans les Récits des factions domeftiques, deux rélations oppofées ont été tranfmifes à la poftérité, les Hiftoriens qui font venus depuis ont eu de quoi fe tenir en garde contre les unes & contre les autres, & de parvenir à quelques vérités par le raifonnement & la comparaifon. La moitié du carnage que Tite-Live fait des Eques & des Volces dépeupleroit la France & l'Allemagne; & cet Hiftorien, quoiqu'on puiffe peut-être avec juftice l'accufer d'être fuperficiel, eft à la fin choqué lui-même du man-

très-remarquable, qui doit avoir attiré l'attention de toutes les Nations civilifées. Il fut reconnu après (& il n'étoit pas difficile de l'obferver en ce tems) que cette guerre (*a*) étoit pour l'Empire univerfel : cependant aucun Prince, aucun Etat ne paroît alors s'être alarmé de l'évènement de cette querelle. Philippe de Macédoine demeura neutre, jufqu'à ce qu'il vit les victoires d'Annibal ; & alors il forma très-imprudemment une Alliance avec le Vainqueur, & à des conditions encore plus imprudentes. Il ftipula qu'il affifteroit les Carthaginois dans leur conquête de l'Italie, après quoi ils s'engageoient à envoyer des Troupes en Grèce, pour l'aider à foûmettre les Républiques Grecques (*b*).

Les Républiques des Rhodiens & des Achéens, font très-célébrées par les anciens

---

que de vrai-femblance de fa narration. Le même amour de l'exagération paroît avoir groffi le nombre des Romains dans leurs Armées & dans leurs Dénombremens.

(*a*) Quelques-uns en firent la remarque, comme il paroît par le Difcours d'Agélaus de Naupacte, dans un Congrès général de la Grèce. Polybe, *Lib. 5. Cap. 104.*

(*b*) *Titi-Livii, Lib. 23. Cap. 33.*

Hiſtoriens pour leur ſageſſe & leur profonde politique. Toutes deux cependant aſſiſterent les Romains dans leurs guerres contre Philippe & Antiochus ; & ce qui peut être regardé comme une preuve plus forte, que cette maxime n'étoit pas communement établie dans ces ſiècles, aucun ancien Auteur n'a remarqué l'imprudence des meſures de ces deux Républiques, ni n'a jamais blâmé l'abſurde Traité de Philippe, avec les Carthaginois dont je viens de parler. Des Princes, des Politiques peuvent dans tous les ſiècles s'aveugler par avance dans leurs raiſonnemens à l'égard des évènemens : mais il eſt aſſez extraordinaire, que dans la ſuite les Hiſtoriens n'en portent pas un jugement plus ſain.

Maſſiniſſe, Attale, Pruſias, en ſatisfaiſant leur paſſion particuliere, ont tous été les inſtrumens de la grandeur Romaine : cependant il ne paroît pas qu'on les ait jamais ſoupçonnés d'avoir forgé leur propres fers, tandis qu'ils avançoient les conquêtes de leurs Alliés. Un ſimple Traité, une convention entre Maſſiniſſe & les Carthaginois, qui eût été ſi conforme à leurs intérêts mutuels, eût interdit aux Romains l'entrée de l'Afrique, & eût conſervé la liberté du Genre humain.

Le feul Prince que nous trouvons dans l'Hiftoire Romaine, avoir entendu la Balance du pouvoir, eft Hiéron, Roi de Syracufe. Quoique Allié de Rome, il envoya des fecours aux Carthaginois durant la guerre des Auxiliaires. „Jugeant qu'il étoit néceffaire, „dit Polybe (*a*), pour affûrer fes Etats en „Sicile, & pour conferver l'amitié des Ro-„mains, que la République de Carthage fub-„fiftât, de peur que par fa chute, la Puiffan-„ce victorieufe ne fût en état de tout entre-„prendre & de tout exécuter, fans que l'on „pût s'y oppofer; & en ceci il agit avec „beaucoup de fageffe & de prudence, car „c'eft ce que, fous quelque prétexte que ce „foit, on ne doit jamais perdre de vûe, de „peur qu'on ne mette dans une feule main „une telle force, que les Etats voifins de-„viennent abfolument incapables de défen-„dre leurs droits contre elle." Voilà le but des Politiques modernes marqué en termes très-exprès.

Enfin la maxime de conferver la Balance, eft tellement fondée fur le fens commun & le raifonnement le plus fimple, qu'il eft im-poffible qu'elle ait échappé à l'Antiquité, où

______

(*a*) *Lib. 1. Cap. 83.*

nous trouvons à d'autres égards tant de preuves de la plus profonde pénétration & du difcernement le plus fin. Si cette maxime n'étoit pas auffi généralement reconnue qu'elle l'eft à préfent, du moins eft-il probable qu'elle influoit fur les Princes & fur les Politiques les plus fages & les plus expérimentés. Aujourd'hui même, quelque établie qu'elle foit parmi les Raifonneurs fpéculatifs, elle n'a pas dans la pratique, parmi ceux qui gouvernent le monde, une autorité beaucoup plus étendue.

Après la chute de l'Empire Romain, la forme du Gouvernement établie par ces Conquérans venus du Nord, les rendit en grande partie incapables de pouffer plus loin leurs conquêtes, & maintint long-tems chaque Etat dans fes propres limites. Mais lorfque le Vaffelage & la Milice féodale eurent été abolies, le Genre humain fut de nouveau expofé au danger d'une Monarchie univerfelle, par l'union de tant de Royaumes & de Principautés dans la perfonne de l'Empereur Charles.

Cependant la puiffance de la Maifon d'Autriche étant fondée fur des Pays très-étendus, mais féparés, & fes richeffes venant principalement des Mines d'or & d'argent, il étoit probable que des défauts internes feroient tomber d'elle-même cette puissance, plutôt qu'elle ne renverferoit tous les Boulevards qui s'élevoient contre elle. En moins d'un fiècle la force de cette violente & fuperbe Race a été affoiblie, fon opulence a été diffipée, & fa fplendeur éclipfée. Une nouvelle Puiffance a fuccédé plus formidable pour les libertés de l'Europe, parce qu'elle a tous les avantages de la premiere, fans avoir aucun de fes défauts, excepté une partie de cet efprit de bigoterie & de fuperftition, dont la Maifon d'Autriche a été fi long-tems & eft encore fi fort infatuée.

Depuis plus d'un fiècle l'Europe a été fur la défenfive, contre la plus grande force qui peut-être ait jamais été formée par la combinaifon civile ou politique du Genre humain; & telle eft l'influence de la maxime dont nous traitons ici, que quoique cette ambitieufe Nation ait été victorieufe dans quatre (*a*) des cinq dernieres guerres générales, & malheureufe feulement dans une (*b*),

---

(*a*) Celles terminées par les Traités de Paix des Pyrénées, de Nimegue, de Ryfwick & d'Aix-la-Chapelle.

(*b*) Celle terminée par la Paix d'Utrecht.

les François n'ont pas de beaucoup augmenté leurs domaines, & n'ont pas acquis un
entier afcendant fur l'Europe ; au contraire,
il nous y refte quelque efpérance de leur ré-
fifter encore affez long-tems pour que la révolution naturelle des chofes humaines, &
les évènemens imprévus puiffent nous mettre à l'abri d'une Monarchie univerfelle &
préferver le Monde d'un fi grand mal (*a*).

(*a*) *A la fin du Difcours VIII. fur le Crédit public,
l'Auteur n'eft pas fi raffûré ; il prétend, au contraire, qu'il ne faut qu'être dans fon bon fens, pour pro-
phétifer cet évènement, qu'il fait envifager comme
n'étant pas fort éloigné.* M. MELON *a fait à ce
fujet la réflexion la plus judicieufe :* „Enfin l'efprit
„de paix a éclairé notre Europe. Une jufte ba-
„lance empêchera toûjours qu'une Puiffance ne
„s'éleve, par fes conquêtes affez pour fe faire
„craindre : & fi quelques intérêts momentanés,
„troublent cette heureufe harmonie, le Vain-
„queur n'a plus à efpérer d'étendre fes limites.
„Tout s'unira pour arrêter fes dangereux progrès,
„& une Nation ne peut plus s'aggrandir que par
„la fageffe de fon Gouvernement intérieur.”

Effai Politique fur le Commerce, Chapitre VII. du
Gouvernement Militaire.

*Voilà ce que les Anglois difent eux-mêmes ; & ce
qui, comme on voit, ne fuffit pourtant pas pour cal-
mer leurs inquiétudes fur la Balance de l'Europe.*

Dans les trois dernieres de ces guerres générales, l’Angleterre a été à la tête de cette glorieuse réſiſtance, elle conſerve encore ſon poſte comme Gardienne des libertés générales de l’Europe & comme la Patronne du Genre humain. Outre l’avantage de ſes richeſſes & de ſa ſituation, ſes Peuples ſont animés d’un tel eſprit national, & ſont ſi pleinement convaincus du bonheur ineſtimable de leur Gouvernement, que l’on peut eſpérer que la vigueur qu’ils ont fait paroître dans la défenſe d’une cauſe ſi néceſſaire & ſi juſte, ne languira jamais; au contraire, ſi nous en pouvons juger par le paſſé, il ſemble que leur ardeur a plutôt beſoin d’être modérée : ils ont plus ſouvent erré par un excès louable que par une nonchalance répréhenſible.

En premier lieu, nous paroiſſons moins avoir été conduits par les vûes prudentes de la Politique moderne, qu’animés par cette jalouſe émulation des anciens Grecs. Nos guerres avec la France ont commencé avec juſtice, peut-être même étoient-elles neceſſaires; mais elles ont toûjours été pouſſées trop loin par obſtination & par paſſion. La même paix qui fut après ſignée à Ryſwick en 1697. avoit été offerte dès l’année 1682. celle conclue à

Utrecht en 1712. auroit pû être finie à des conditions auſſi avantageuſes à Gertruyden-berg en 1708. & nous aurions pû ſouſcrire à Francfort en 1743. aux mêmes conditions que nous avons été bien-aiſes d'accepter à Aix-la-Chapelle en 1748. Nous voyons par-là que plus de la moitié de nos guerres avec la France & toutes nos dettes publiques, ſont plutôt l'effet de notre véhémence im-prudente, que de l'ambition de nos voiſins.

En ſecond lieu, nous ſommes connus pour être ſi oppoſés à la puiſſance de la Fran-ce, & tellement ardens à la défenſe de nos Alliés, que ceux-ci comptent ſur nos forces comme ſur les leurs propres, & que ſe flat-tant de pouſſer la guerre à nos dépens, ils refuſent les propoſitions d'accommodement les plus raiſonnables. *Habent ſubjectos, tan-quam ſuos, viles ut alienos.* Tout le monde ſçait qu'au commencement du dernier Parle-ment, le vote factieux de la Chambre des Communes, & les eſprits échauffés de la Nation ont rendu la Reine d'Hongrie in-flexible, & ont prévenu l'accord avec la Pruſſe qui auroit rétabli ſur le champ la tran-quillité de l'Europe.

En troiſième lieu, nous épouſons une querelle avec tant de bonne foi, que lorſque nous y sommes une fois engagés, nous perdons toute sensibilité, & pour nous-mêmes & pour notre postérité, & que nous ne nous occupons que des moyens de nuire à l'ennemi le plus qu'il nous est possible. Lorsqu'à un prix si cher nous avons engagé nos revenus dans des guerres où nous n'étions qu'auxiliaires, nous avons sûrement donné dans l'erreur la plus fatale qu'on ait jamais pû reprocher à une Nation qui a quelque prétention à la Politique & à la prudence. Ce reméde de Papiers sur les fonds publics, si c'est un remède & non pas plûtôt un poison, doit du moins être réservé pour la derniere extrémité, & il n'y a que le plus grand malheur qui dût nous porter à recourir à un expédient si dangereux.

Les excès où nous nous sommes portés sont préjudiciables, & peuvent avec le tems le devenir encore davantage d'une autre manière, en engendrant comme il est d'ordinaire l'extrémité opposée, & en nous rendant totalement insensibles au destin de l'Europe. Les Athéniens après avoir été le Peuple le plus intriguant & le plus guerrier de la Grèce, trouvant qu'ils s'étoient trompés, en se mêlant de chaque querelle, abandonnerent toute attention aux affaires étrangeres,

& ne prirent dans la fuite aucune part dans les guerres qui furvinrent, que par leurs complaifances & leurs flatteries pour le vainqueur.

D'énormes Monarchies telles que celle où l'Europe eft peut-être à préfent en danger de tomber, font probablement deftructives pour la Nature humaine (*a*), dans leurs progrès, dans leur durée, & même dans leur chute, qui ne peut jamais être loin de leur établiffement. Le génie militaire qui a aggrandi la Monarchie, abandonne bien-tôt la Cour, la Capitale & le centre d'un pareil Gouvernement, tandis que les guerres fe font à de grandes diftances & intéreffent une fi petite partie de l'Etat. Les anciens Nobles qui font attachés à leur Souverain, vivent à la Cour & n'accepteront pas des emplois militaires qui les forceroient d'habiter des frontieres reculées & barbares, & qui les éloigneroient de leurs plaifirs & de leur fortune ; ainfi il faut que les armes de l'Etat foit confiées à des Étrangers mercénaires,

---

(*a*) Si l'Empire Romain a été de quelque avantage, cela n'a pû venir que de ce qu'avant fon établiffement, le Genre humain en général étoit dans un état de défordre & de barbarie.

fans zèle, fans attachement, fans honneur, prêts à chaque occafion à les tourner contre le Prince, & à fe joindre au premier mécontent qui leur offre la paye & le pillage. Voilà le progrès néceffaire des chofes humaines ; ainfi la nature s'arrête elle-même dans fes vaines élévations.

Ainfi l'ambition travaille aveuglement pour la deftruction du Conquérant, de fa famille, & de tout ce qui lui eft cher. Les Bourbons fe repofant fur la bravoure, la fidélité & l'affection de leur Nobleffe, voudront pouffer leurs avantages fans retenue & fans bornes. Ces Nobles tandis qu'ils feront animés par la gloire & par l'émulation, pourront fupporter les fatigues & les dangers de la guerre; mais ne fe foumettront jamais à languir dans des Garnifons d'Hongrie ou de Lithuanie, oubliés à la Cour & facrifiés aux intrigues d'une Maîtreffe ou des Favoris du Prince. Les troupes feront remplies de Croates, de Tartares, de Houffards, de Cofaques, mêlés peutêtre de quelques Soldats de fortune des meilleures Provinces. Enfin le trifte fort de l'Empire Romain fe renouvellera par les mêmes caufes, jufqu'à la diffolution finale de la Monarchie.

DIS-

DISCOURS VII.

Des Taxes.

Il y a une maxime qui prévaut parmi ceux que dans notre Pays, nous appellons *Gens de moyens & de reſſources*, & qui ſont connus en France ſous le nom de Financiers ou de Maltotiers (*a*). *Que toute nouvelle Taxe crée une nouvelle habileté dans les Sujets pour la porter; & que chaque augmentation du fardeau public augmente à proportion l'induſtrie*

(*a*) *Cette dénomination mépriſante n'eſt plus d'uſage, ou du moins eſt reſtrainte à ceux qui la méritent par des prévarications particulieres dans de bas emplois.* On eſt devenu aſſez éclairé pour ne plus „tourner en odieux les richeſſes acquiſes par une „convention légitime entre le Souverain & ſes Su- „jets. C'eſt de cette ſuprème légiſlation que par- „tent les voies d'acquérir, & les titres de proprié- „té. Nos contrats ne tirent que de-là leur valeur & „leur force: ainſi l'induſtrie & la ſage conduite „des Fermiers & des Entrepreneurs, n'eſt ni moins „néceſſaire, ni moins utile que celle du Négoce „& des autres profeſſions."

M. M ELON, *Chapitre XXII. De la Balance du Commerce.*

Tome I.   M

du Peuple. Cette maxime eft de telle nature, qu'il eft très-vrai-femblable que les abus
en feront extrèmes, & d'autant plus dangé-
reufe qu'on n'en peut abfolument nier la vérité : il faut avouer, au contraire, qu'en la
refferrant en de certaines bornes, elle eft
fondée fur la raifon & fur l'expérience.

Lorfque l'on met une Taxe fur des denrées qui font confommées par le Peuple, il
femble qu'il doive s'en fuivre naturellement
que le Peuple retranche quelque chofe de fa
maniere de vivre, ou qu'il vende plus cher
fa peine pour faire porter au riche tout le
fardeau de la Taxe; mais les nouvelles impofitions produifent un troifième effet, c'eft
que ces pauvres augmentent leur induftrie,
font plus d'ouvrage, & vivent auffi-bien
qu'auparavant, fans demander davantage
pour leur travail. Cela arrive naturellement toutes les fois que les taxes font mo-
dérées, qu'elles font mifes par degré, &
qu'elles ne regardent pas les chofes néceffaires à la vie ; & il eft certain que de pareilles
difficultés fervent fouvent à exciter l'induftrie d'un Peuple, & à le rendre plus opulent
& plus laborieux que d'autres qui poffedent
de plus grands avantages: car nous pouvons obferver comme un exemple de ce que

l'on avance ici, que les Nations les plus commerçantes n'ont pas toûjours possédé la plus grande étendue de terre fertile ; mais qu'au contraire, elles ont eû à combattre beaucoup de désavantages naturels. Tyr, Athènes, Carthage, Rhodes, Gènes, Venise, la Hollande en sont des preuves. Dans toute l'Histoire, nous ne trouvons que trois exemples de Pays vastes & fertiles qui ayent possédé beaucoup de Commerce, les Pays-Bas, l'Angleterre & la France; les deux premiers semblent avoir été engagés par les avantages de leur situation maritime, & la nécessité où ils se trouvoient de fréquenter les Ports étrangers pour se procurer ce que leur propre climat leur refusoit. A l'égard de la France, le Commerce s'est établi très-tard en ce Royaume, & paroît être l'effet de la réflexion & de l'observation, dans un Peuple industrieux & entrepenant, qui remarquoit les richesses immenses qu'acquéroient ceux de ses voisins qui cultivoient la Navigation & le Commerce.

Les Places que Cicéron (a) nomme, comme etant de son tems en possession du plus grand Commerce, sont Aléxandrie, Colchos,

(a) *Epist. ad Attic. Lib. 9. Ep. 11.*

Tyr, Sidon, Andros, Chypre, la Pamphylie, la Lycie, Chios, Bifance, Lesbos, Smyrne, Milet, Coos. Si l'on excepte Aléxandrie, tous les lieux qu'on vient de nommer étoient de petites Isles, ou des Territoires très-étroits, & cette Ville devoit entierement fon Commerce au bonheur de fa fituation.

Puis donc qu'on peut regarder quelques neceffités ou des avantages naturels comme favorables à l'induftrie, pourquoi des fardeaux artificiels ne pourroient-ils pas avoir le même effet? Le Chevalier Temple (*a*) attribue l'induftrie des Hollandois uniquement à la néceffité qui provient de leurs défavantages naturels, & il fait valoir fon fentiment par une comparaifon très-frappante avec l'Irlande, où, dit-il, par l'étendue & la richeffe du fol & la rareté du Peuple, toutes les chofes néceffaires à la vie font à fi bon marché, qu'un homme induftrieux en deux jours de travail, peut gagner affez pour fe nourrir le refte de la femaine. Ce que je crois être le véritable fondement de la pareffe attribuée à cette Nation; car les hommes préferent naturellement leurs aifes au travail, & ne fe foumettront pas à la peine s'ils peuvent vivre dans la pareffe;

______

(*a*) Relation des Pays-Bas, *Chapitre VI.*

quoiqu'il foit vrai auffi que lorfque par la néceffité ils ont été accoûtumés au travail, ils ne peuvent plus le laiffer, la coûtume l'ayant rendu néceffaire à leur fanté & à leur diffipation ; & peut-être le paffage n'eft-il pas plus difficile d'un conftant repos au travail, que d'un conftant travail au repos. Après quoi l'Auteur confirme fon opinion, en faifant, comme ci-deffus, l'énumération des places où le Commerce a le plus fleuri dans les tems anciens & modernes, & qui communément fe trouvent être de fi petits Territoires, qu'il faut que la néceffité y ait engendré l'induftrie.

On a toûjours obfervé dans les années de difette, fi elle n'eft pas extrême, que les pauvres travaillent davantage & vivent mieux que dans les années de grande abondance, où ils s'abandonnent à la pareffe & à la débauche. J'ai ouï dire à un Manufacturier confidérable, que dans l'année 1740. où le blé & les provifions de toute efpèce étoient très-chers, fes Ouvriers avoient non-feulement trouvé le moyen de vivre; mais qu'ils avoient payé des dettes qu'ils avoient contractées dans les années précédentes qui étoient plus favorables & plus abondantes (*a*).

____

(*a*) A ce fujet, voyez auffi le Difcours I. vers la fin.

Cette opinion donc à l'égard des Taxes peut être admife en quelque degré ; mais il faut prendre garde à l'abus : les Taxes, ainfi que la néceffité, lorfqu'elles font pouffées trop loin, détruifent l'induftrie en faifant naître le dèfefpoir, & même avant que de parvenir à ce point, elles renchériffent les gages du Laboureur & du Manufacturier, & augmentent le prix de toutes les denrées (*a*). Un Gouvernement attentif & dèfintéreffé obfervera le point où le gain ceffe & le dommage commence (*b*). Mais

---

(*a*) Voyez dans l'Ouvrage de M. DE DANGEUL l'énumération des différentes Taxes impofées en Angleterre, qui font en fi grand nombre, qu'il y en a jufques fur les fenêtres, „afin que, comme il „le dit, des chofes néceffaires à la vie, l'air même „ne fût pas exemt d'être taxé, & afin que le Pau- „vre payât le jour néceffaire à fon travail, comme „le riche, la lumiere qui éclaire fon oifiveté.” *Avantages & defavantages de la Grande-Bretagne, &c.* §. VI.

(*b*) „C'eft ici où le Législateur doit prendre la „Balance des hommes ; car il eft fait pour les ren- „dre tous heureux, chacun felon fa profeffion, & „le Laboureur mérite plus d'attention que les au- „tres, parce qu'il eft plus nombreux, & que fon „travail eft plus effentiel : mais fon bonheur n'eft „pas de la même efpèce, il doit le mériter par un

comme le caractère contraire est beaucoup plus commun, il est à craindre que les Taxes par toute l'Europe ne se multiplient au point d'écraser entièrement tout Art & toute industrie, quoique peut-être leur premiere augmentation & quelques autres circonstances, aient pû contribuer à l'accroissement de ces avantages.

,,travail assidu, & le Législateur doit lui procurer ,,la jouïssance tranquille du fruit pénible de son ,,labeur, par une vente proportionnée à une im,,position équitable. Négliger cette portion d'hom,,mes, à cause de leur prétendue bassesse, est une ,,injustice grossiere & dangereuse ; car alors l'é,,quilibre de cette Balance fondamentale des hom,,mes & du Commerce seroit rompu. Le Labou,,reur découragé se refuseroit à sa profession : les ,,vivres manqueroient peu à peu ; l'imposition se,,roit mal payée, & le reste de la Société seroit en,,traîné dans un malheur commun, plus affreux ,,encore pour l'Habitant de la Capitale, que pour ,,le Laboureur, accoûtumé dès long-tems à la ,,pauvreté. Quel terrible spectacle pour un Ci,,toyen de voir tant de millions d'hommes dans la ,,misere ! Mais quels regrets affligeans s'il soup,,çonne qu'il est des moyens faciles d'arrêter ou ,,de prévenir leur infortune !"

M. M E L O N, *Essai Politique sur le Commerce,* *Chapitre XXII.*

Les Taxes les plus avantageuses font celles qui font levées fur les confommations, fpécialement celles de Luxe, parce que de pareilles impofitions font moins fenties par le Peuple (*a*). Elles paroiffent en quelque forte volontaires, puifqu'un homme peut choifir jufqu'où il veut faire ufage de la commodité qui eft taxée. Elles fe payent par degrés & d'une maniere infenfible, & étant confondues avec le prix naturel de la denrée, elles font à peine apperçues par celui qui la confomme (*b*). Leur feul déf-

(*a*) „En toutes chofes nous devons tâcher de „tirer le meilleur parti, de ce qui nous eft propre, „dans les avantages *Naturels*, comme dans les *Ar-* „*tificiels*; & d'autant que ceux qui vivent par les „Arts, font en plus grand nombre que ceux à qui „les fruits appartiennent, nous devons favorifer, „le plus qu'il eft poffible, ces travaux de la multi- „tude, dans lefquels confiftent les plus grandes „forces & les plus grandes richeffes du Roi & du „Royaume; car où le Peuple abonde & les Arts „profperent, le Commerce doit être grand & le „Pays riche."
Les richeffes de l'Angleterre par le Commerce étranger, Chapitre III.

(*b*) „Il ne convient pas d'impofer des droits „fur les chofes de premiere néceffité, mais fur „celles qui ne font que de luxe, de parure ou

avantage eſt que les frais pour les lever ſont conſidérables.

Les Taxes ſur les poſſeſſions ſe levent ſans de grands frais, mais elles ont tous les autres dèſavantages. Pluſieurs Etats néanmoins ſont obligés d'y avoir recours pour ſuppléer au défaut des autres impoſitions.

Mais les plus pernicieuſes de toutes les Taxes, ſont celles qui ſont Arbitraires (*a*), elles deviennent par la maniere dont elles

---

„de curioſité : alors le droit eſt une juſte „peine de l'excès qu'on fait de ces choſes-là ; il „ne retombe que ſur le Riche & l'Opulent, le „Laboureur & l'Artiſan ſont ſoulagés, & c'eſt „cette partie du Peuple qui doit être chere à la Ré- „publique: c'eſt en partie réformer le Luxe que „de le rendre cher."

DON DIEGO DE SAAVEDRA, *Réflexions Politiques & Chrétiennes.*

(*a*) „L'impoſition eſt de deux eſpèces : l'une „arbitraire, comme la Taille & la Capitation; „l'autre dépendante de la conſommation, comme „les Gabelles & les Aides. Dans le premier cas, „c'eſt avec des exécutions militaires que le Rece- „veur tire, avec peine, un écu du Laboureur „& de l'Artiſan, qui dans l'autre paye annuelle- „ment, ſans attention, & quelquefois gaiement, „cinquante francs de ſel ou de vin, &c."

M. MELON, *Chapitre VIII.*

M v

font adminiſtrées des eſpèces de punitions de l'induſtrie, & par leur inégalité inévitable, elles ſont réellement plus à charge que par le fardeau qu'elles impoſent. Ainſi il eſt étonnant qu'elles ayent lieu chez quelque Peuple civiliſé.

En général, toutes les Taxes comme la Capitation, même lorſqu'elles ne ſont pas arbitraires, ce qu'elles ſont communement, doivent paſſer pour dangereuſes, parce qu'il eſt ſi aiſé au Souverain d'ajoûter un peu plus, & un peu plus à la premiere ſomme que ces Impoſitions deviennent tout à la fois oppreſſives & inſupportables. D'un autre côté, une Taxe ſur les commodités s'arrêtera d'elle-même, & un Prince éprouvera bien-tôt qu'en augmentant l'Impot, il n'augmente pas ſon revenu; il n'eſt pas aiſé pour un Peuple d'être tout à la fois ruïné par de pareilles taxes.

Les Hiſtoriens nous diſent qu'une des premieres cauſes de la deſtruction de l'Empire Romain, fut le changement que fit Conſtantin dans les finances, en ſubſtituant une capitation univerſelle au lieu de la plûpart de ces dixmes, droits de Douane & d'Acciſe, qui compoſoient anciennement le revenu de l'Empire ; les Peuples dans toutes les

Provinces furent tellement foulés & opprimés par les Traitans, qu'ils se virent forcés
de chercher leur réfuge sous les armes con-
quérantes des Barbares, qui avoient peu de
nécessités & encore moins d'art, & dont par
cette raison l'Empire se trouvoit préférable
à la tyrannie rafinée des Romains (*a*).

Il y a une opinion qui n'est que trop commune, que les taxes de quelque maniere
qu'elles soient levées, tombent à la fin sur
les terres, & j'avoue qu'elle peut être utile
en Angleterre dans l'esprit des Possesseurs
des biens fonds, entre les mains desquels est
l'administration du Gouvernement ; elle les
oblige à avoir de grands égards pour le
Commerce & pour l'industrie. Je pense
néanmoins que ce principe quoiqu'avancé

(*a*) Don Geronymo de Uztariz, *dans
son excellent Ouvrage* sur le Commerce & la Marine, *démontre assez clairement, que l'excès des Taxes
en Espagne est ce qui a le plus contribué à y diminuer
le Peuple, & par conséquent les revenus du Roi:*
„Ce ne sont pas, dit-il, les Indes qui nous éner-
„vent & nous dépeuplent; ce sont les marchandi-
„ses avec lesquelles les Etrangers s'emparent de
„notre argent: c'est la destruction de nos Manu-
„factures, *& la pesanteur des charges publiques.*"
Chapitre XIII.

par un Ecrivain célèbre, eſt ſi peu fondé en raiſon, que ſans ſon autorité perſonne ne ſe fût jamais aviſé de le recevoir. Tout homme aſſurément cherche à ſecouer le fardeau d'une taxe qui eſt impoſée & à le rejetter ſur les autres; mais comme chaque homme a la même inclination, & par conſéquent ſe tient ſur la défenſive, je ne vois pas pourquoi dans ces efforts réciproques, une claſſe d'hommes l'emporteroit ſur une autre, & comment peut-on réellement imaginer que l'homme qui a des terres ſera la victime de la totalité, & qu'il ne ſera pas en état de ſe défendre auſſi-bien que les autres? Tous les Marchands, à la vérité, ſouhaiteroient qu'il devînt leur proie; mais quand il n'y auroit point de Taxes, ils auroient toûjours la même inclination, & les mêmes moyens qui avant les Taxes le défendent contre les Marchands, lui ſerviront encore après, & les forceront eux-mêmes de partager le fardeau avec lui.

Je terminerai ce ſujet en obſervant que nous avons à l'égard des Taxes, un exemple de ce qui arrive ſouvent dans les inſtructions politiques, que les conſéquences des choſes ſont diamétralement oppoſées à ce que nous devrions en attendre à la premiere apparence. On regarde comme une maxime fondamen-

tale du Gouvernement Turc, que le Grand
Seigneur, quoique Maître abſolu des vies &
des fortunes de chaque Particulier, n'a aucune autorité pour impoſer une nouvelle
Taxe; & chaque Prince Ottoman, qui a oſé
le tenter, ou a été obligé de ſe rétracter, ou a
éprouvé les effets funeſtes de ſa perſévérance.
On s'imagineroit que ce préjugé, ou cette opinion établie, ſeroit la plus ferme barriere du
monde contre l'oppreſſion; cependant il eſt
très-certain qu'elle opere tout le contraire.
L'Empereur n'ayant point de méthode réguliere d'augmenter ſon revenu, eſt obligé de
permettre aux Bachas & Gouverneurs d'opprimer & de dépouiller les Sujets, & lui-même enſuite il leur fait rendre gorge après leur
retour de leur Gouvernement.   Au-lieu que
s'il pouvoit impoſer de nouvelles Taxes, comme nos Princes Européens, ſon intérêt ſe trouveroit tellement uni à celui de ſon Peuple,
qu'il s'appercevroit immédiatement de tous
les dèſordres qu'entraînent ces levées d'argent irrégulières, & qu'il éprouveroit qu'une
livre ſterling, levée par une impoſition générale, auroit des effets moins pernicieux, qu'un
ſcheling qu'il extorque d'une maniere ſi inégale & ſi arbitraire.

DISCOURS VIII.

Du Crédit public.

Il paroît que la pratique commune de l'Antiquité, a été de faire des provisions en tems de Paix pour les néceſſités de la Guerre, & d'amaſſer d'avance des tréſors, comme des inſtrumens de conquête ou de défenſe, ſans ſe fier aux Impoſitions extraordinaires, & bien moins encore en empruntant dans des tems de dèſordre & de confuſion. Outre les ſommes immenſes, dont j'ai parlé ailleurs (*a*), qui furent amaſſées par Athènes, par les Ptolomées, & les autres Succeſſeurs d'Aléxandre, nous apprenons de Platon (*b*), que la frugale Lacédémone avoit auſſi amaſſé un grand tréſor. Arrien (*c*) & Plutarque (*d*) ſpécifient les ri-

____

(*a*) Diſcours V.

(*b*) Alcib. 1.

(*c*) *Lib. 3.*

(*d*) *Plut. in vita Alexand.* Il fait monter ces tréſors à quatre-vingt mille talens, ou environ quinze millions ſterling. Quinte-Curce, *Liv.* 5. *Chap.* 2. dit qu'Aléxandre trouva à Suſe au-deſſus de cinquante mille talens.

cheffes dont Aléxandre s'empara à la conquête de Sufe & d'Ecbatane ; & dont une partie étoit en réserve depuis le tems de Cyrus. Si je m'en souviens bien, l'Ecriture fait aussi mention du tréfor d'Ezéchias & des autres Princes Juifs, comme l'Histoire profane parle de ceux de Philippe & de Perfée Rois de Macédoine. Les anciennes Républiques des Gaules avoient communement des sommes considérables en réserve (*a*). Tout le monde connoît le tréfor que Céfar faifit à Rome pendant les guerres civiles. Nous trouvons après que les Empereurs les plus prudens, Augufte, Tibère, Vefpafien, Sévère, montrerent toûjours la fageffe de leur prévoyance, en amaffant de grandes sommes pour faire face aux néceffités publiques (*b*).

Au contraire, notre expédient moderne qui eft devenu très-général, eft d'engager les revenus publics & de compter que la poftérité pendant la Paix, acquittera les charges

---

(*a*) Strabon, Liv. 4.

(*b*) Lorfqu'Henri IV. fe difpofoit à faire la guerre à l'Efpagne, il avoit trente-fix millions dans fes coffres.

Mémoires de Sully, Liv. XXVII,

contractées pendant la Guerre précédente.
Ceux qui ont devant leurs yeux l'exemple
de leurs Peres, ne laissent pas de se reposer
avec la même prudence sur leur postérité,
qui à la fin, par nécessité plutôt que par
choix, est obligée de placer la même confiance dans une postérité nouvelle. Mais
pour ne pas perdre le tems à déclamer contre une pratique qui paroît si évidemment
ruïneuse; il est très-certain que les maximes anciennes sont à cet égard bien plus prudentes que les modernes; quand bien même
les dernieres eussent été renfermées dans des
bornes raisonnables, & eussent quelque-fois
dans les tems de paix été suivies d'assez de
frugalité, pour acquitter les dettes d'une
guerre coûteuse; car pourquoi le cas seroit-
il si prodigieusement différent entre le Public
& un Particulier, qu'il nous obligeât d'é-
tablir des maximes si opposées de conduite
pour l'un ou pour l'autre? Si les fonds du
premier sont plus grands, ses dépenses nécessaires sont proportionnément plus fortes;
si ses ressources sont plus nombreuses, elles
ne sont pas infinies, & comme sa constitution doit être calculée pour une plus longue
durée, que celle d'une seule vie ou même
d'une famille, elle devroit aussi embrasser des

maximes

maximes conſtantes, grandes & généreuſes,
convenables à l'étendue ſuppoſée de ſon exiſ-
tence. La néceſſité des affaires humaines nous réduit ſouvent à nous fier au ha-
ſard & aux expédiens qui dépendent du
tems; quant à ceux qui choiſiſſent volontai-
rement de pareilles reſſources, ſi les malheurs auxquels ils s'expoſent leur arrivent,
ce n'eſt point la néceſſité qu'ils en doivent
accuſer, c'eſt leur propre folie.

Si les abus des tréſors ſont dangereux,
ſoit en engageant l'Etat en des entrepriſes téméraires, ou en faiſant négliger la diſcipline militaire, par la confiance qu'on a dans
les richeſſes; les abus qui réſultent des revenus publics engagés, ſont plus certains,
ou plutôt ſont inévitables, & ce ſont la pauvreté, l'impuiſſance, & l'aſſujettiſſement à
des Puiſſances étrangeres.

Suivant notre Politique moderne, la
guerre eſt accompagnée de tous les genres
de deſtruction, qui ſont la perte des hommes, l'augmentation des Impôts, la ruïne
du Commerce, la diſſipation de l'Argent,
le pillage par terre & par mer. Suivant la
pratique des Anciens, l'ouverture du Tréſor public en produiſant une abondance extraordinaire d'Argent, ſervoit pour un tems

d'encouragement à l'induſtrie, & dédommageoit en quelque ſorte des calamités inévitables de la guerre. Que dirons-nous d'un Paradoxe nouveau, mais plus étrange encore? On ne craint pas d'avancer aujourd'hui que les charges publiques ſont par elles-mêmes avantageuſes, indépendamment de la néceſſité de les contracter, & que tout état même ſans être preſſé par l'ennemi ne peut choiſir un expédient plus ſage pour augmenter le Commerce, & multiplier les richeſſes que de créer des Fonds, des Dettes & des Taxes ſans bornes (*a*).

(*a*) *En 1731. il parut un Mémoire Anglois pour prouver* qu'un Etat devenoit plus floriſſant par ſes dettes. M. MELON *qui le cite pour appuyer ſon ſyſtème, n'en avoit vû que l'Extrait qui ſe trouve dans les Gazettes de ce tems-là. Il en eſt ainſi des autres Auteurs Anglois que* M. MELON *a cités. Il ne les a connus que par des Extraits que des amis lui ont communiqués ; c'eſt-à-dire, qu'il ne les a pas bien connus. Il eſt aſſez difficile de pénétrer le véritable eſprit d'un Auteur, dont on n'entend pas la Langue. Par exemple,* M. MELON *qui ne ſavoit pas l'Anglois, & qui fait peut-être un peu trop de cas de ce Mémoire, ne s'eſt pas douté que cet Ecrit, & pluſieurs autres de la même eſpèce, ne doivent être regardés que comme des Apologies du Miniſtère de ces tems-là, qui pour juſtifier une conduite que le gros*

De semblables discours auroient pû paſſer pour des épreuves d'eſprit parmi des Rhétoriciens, comme des Panégyriques de la Folie & de la Fièvre, ou ceux de Néron & de Buſiris, ſi nous n'avions pas vû ces maximes abſurdes préconiſées par de grands Miniſtres, & adoptées en Angleterre par un parti tout entier. Quoique ces argumens frivoles (car ils ne méritent pas le nom de ſpécieux) n'ayent pû être le fondement de la conduite du Lord Orford, qui avoit trop de ſens pour en choiſir un pareil, ſes partiſans du moins y ont eu recours pour ſe défendre & éblouïr la Nation.

Examinons la conſéquence des Dettes publiques, ſoit dans nos arrangemens domeſtiques par leur influence ſur le Commerce & l'induſtrie, ſoit dans nos affaires avec les Etrangers par leurs effets ſur les guerres & ſur les négociations.

Il y a un mot qui eſt ici dans la bouche de tout le monde, qui a auſſi fait fortune au-dehors, & qui eſt fort employé par les Ecri-

---

de la Nation trouvoit également odieuſe & dangé-
reuſe, tâchoit de lui donner le change ſur ſes véri-
tables intérêts.

vains (*a*) étrangers, à l'exemple des Anglois, & ce mot est celui de CIRCULATION: on s'en sert pour répondre à tout ; j'avoue que depuis que je suis hors du Collège, j'ai cherché ce qu'il signifie dans le sujet en question, sans avoir pû parvenir à le découvrir. Quel avantage la Nation peut-elle recueillir par le transport aisé d'un fonds qui se fait d'une main à une autre main (*b*)? Ou

(*a*) Voyez Messieurs Melon, Du Tot & Law, dans des Brochures publiées en France.

(*b*) *Les Principes de* M. MELON *font en effet bien différens* : „La convention a donné aux Cré-
„dits publics, c'est-à-dire, aux Papiers de banque,
„la valeur de la monnoie, dont ils ne font que re-
„présentatifs, ensorte qu'une Ecriture en banque
„d'Amsterdam, ou un Billet de banque d'Angle-
„terre, simple représentation d'une monnoie, qui
„d'elle-même n'est que convention, fournit un
„gage assûré pour tous les besoins, & devient une
„des plus grandes richesses des Etats qui savent
„s'en servir. La seule différence entre la mon-
„noie & le crédit, c'est que là monnoie est de con-
„vention générale & le crédit est restraint ; mais il
„peut devenir général, s'il est solidement établi."
Essai sur le Commerce, Chapitre XIX.
C'est dans la restriction de ce crédit, que consistent le principal danger de se servir de papier, & la plus grande difficulté d'une question que je n'ai garde d'en-

peut-on faire quelque comparaison de la circulation des autres commodités à celle des
Billets de l'Echiquier ou de la Compagnie
des Indes ? Lorsqu'un Manufacturier vend
promptement les commodités qu'il a travail-
lées au Marchand en gros, celui-ci au Marchand qui tient boutique, ce dernier aux
pratiques qui viennent se fournir chez lui;
un pareil débit anime l'industrie, & donne
un nouvel encouragement au premier En-
trepreneur ou Manufacturier, & à tous ceux
dont il se sert, & leur fait produire plus, &
de meilleures commodités de la même
espèce.

Dans ce cas il est pernicieux que ce qui
doit circuler vienne à croupir, parce qu'il
s'ensuit un dommage réel, & que la main in-
dustrieuse est arrêtée ou engourdie dans un
travail qui supplée aux nécessités, ou contribue aux agrémens de la vie. Mais quelle
production, ou même quelle consommation devons-nous à la Bourse, excepté le

---

*treprendre de décider. Je dirai seulement que dans
ces avis opposés, ces deux Auteurs paroissent chacun
avoir pris à tâche de combattre les opinions les plus
reçues dans leurs différens Pays. En Angleterre on
pense plus communément comme M. MELON, en
France comme M. HUME.*

Caffé, les plumes, l'encre & le papier (*a*)? Quelle perte, ou quelle diminution de quelque Commerce avantageux, ou de quelque Commodité pourroit arriver quand cette Place & tous ſes Habitans ſeroit pour jamais engloutis au fonds de l'Océan (*b*)!

(*a*) Toutes ces choſes ſe vendent à l'endroit où ſe tient la Bourſe de Londres.

(*b*) *Un Auteur Anglois qui a écrit contre les* Agioteurs, *qu'il traite de* Vermine, *qui corrompt le* Commerce, *prétend de plus que :* „Quelque floriſ-„ſant que ſoit, & quelque tems qu'ait duré une „ſorte de Commerce, l'agiotage à la fin lui de-„viendra fatal : car tant qu'il eſt permis à ces *fi-„loux Nationaux,* ils n'ont plus beſoin de haſar-„der leur argent ſur des Vaiſſeaux, qui trafiquent „aux extrémités du monde: ils ſe contentent de „croiſer & de pirater dans les cours de la Bourſe, „où ils font un prodigieux nombre de priſes. Il „eſt abominable de voir *le Change Royal,* la plus „noble Bourſe de l'Europe, qui devroit être un „Palais pour des Princes (car c'eſt ainſi qu'on peut „appeller d'honorables Marchands) devenir une „Caverne de voleurs."

Obſervations ſur le Commerce,&c. Londres 1732. *Le plus grand nombre des Auteurs Anglois qui ont écrit ſur le Commerce ſont dans les mêmes principes, & tiennent à peu près le même langage: la dureté des expreſſions ou le manque de politeſſe de ſtyle ne diminuent rien de l'autorité de ces Ouvrages; ils ſont*

Mais quoique ce terme de Circulation n'ait jamais été expliqué par ceux qui insistent si fort sur les avantages qui en résultent, il paroît cependant que la Circulation dont je parle, pourroit opérer les mêmes à peu près que ceux qui naissent de nos charges publiques; comme en effet, il ne se trouve point en pareil cas de mal humain qui ne soit

---

composés la plûpart par des Marchands, dont la profession n'est pas de bien écrire. Lorsqu'ils connoissent la matiere qu'ils traitent, qu'ils s'expliquent clairement, & qu'ils raisonnent conséquemment, ils ont atteint leur but : l'importance de l'objet, ne permet pas de faire attention à la forme. Si dans ce que dit M. MELON, *en faveur des Agioteurs, il n'attaque qu'un préjugé; on peut dire qu'il est général, & il est aisé de s'appercevoir qu'il n'a pas osé le heurter de front.* „Ce n'est point ici une Apolo„gie des Agioteurs; leurs manœuvres criminelles „ne secondent que trop bien l'imprudence du pa„pier. Mais de ce qu'un Commerce a donné oc„casion à des Monopoles, ce n'est pas une raison „pour le supprimer; il suffit qu'il soit corrigé, & „alors l'Agioteur seroit mis dans la Classe des au„tres Négocians, ou du moins dans celle des Mar„chands Fripiers." *Il étoit question de prouver que par eux-mêmes ces Fripiers étoient plus favorables que nuisibles au Commerce, & c'est ce que* M. MELON *n'a pas fait.*

N iiij

accompagné de quelque bien, c'eſt ce que nous allons tâcher d'expliquer afin que nous puiſſions apprécier au juſte l'utilité dont la Circulation peut être.

Les Sécurités publiques ſont devenues parmi nous une eſpèce de monnoie, & ſont reçues avec la même confiance au prix courant de l'or & de l'argent. Toutes les fois qu'il ſe préſente quelque entrepriſe profitable quoique coûteuſe, il ſe trouve toûjours aſſez de gens pour s'en charger; un Négociant qui a de l'argent placé dans les fonds publics, ne craindra pas de ſe jetter dans le Commerce le plus étendu, puiſqu'il ſe trouve par-là en état de répondre à quelque ſoudaine demande qu'on puiſſe lui faire. Aucun Marchand n'a beſoin de garder chez ſoi une ſomme d'argent conſidérable; les Billets ſur la Banque, ou ſur la Compagnie des Indes, les derniers ſur-tout, lui ſont abſolument de la même utilité, parce qu'il peut en diſpoſer ou les engager à un Banquier dans un quart d'heure, & qu'en même tems ils ne demeurent pas inutiles, même dans le Porte-feuille, puiſqu'ils lui rapportent un revenu conſtant. Enfin, nos Dettes nationales fourniſſent les Marchands d'une eſpèce de monnoie, qui ſe multiplie continuellement dans leurs mains, & qui produit un gain sûr, outre les profits de leur Commerce. Ceci doit les mettre en état de pouvoir se borner dans le trafic à un moindre profit; le petit profit du Marchand rend la Commodité à meilleur marché, occasionne une plus grande consommation, fait travailler le petit Peuple, & répand les arts & l'industrie dans toute la sociéte.

Nous pouvons aussi observer qu'il y a en Angleterre, & dans tous les Etats qui ont du Commerce & des dettes publiques, une sorte d'hommes qui sont moitié Marchands & moitié possesseurs de cette espèce de fonds, & que l'on doit supposer se contenter de petits profits, parce que le Commerce n'est ni leur principale, ni leur seule affaire, & que leur revenu dans les fonds publics, est une sûre ressource pour eux & pour leurs familles. Sans la facilité que donnent ces effets, beaucoup de Marchands n'auroient d'expédiens pour réaliser, ou pour assûrer une partie de leurs profits, qu'en achetant des terres; & les terres ont de grands désavantages, en comparaison de ces papiers qui entrent eux-mêmes dans le Commerce: elles demandent plus d'application & de soin; elles partagent le tems & l'attention du Marchand. Il n'eft pas fi aifé de les convertir en argent, s'il fe préfente quelque offre avantageufe, ou quelque accident extraordinaire dans le Commerce, & comme elles attachent trop, foit par les plaifirs naturels qu'elles caufent, foit par l'autorité qu'elles donnent, elles font bien-tôt du Bourgeois un Gentil-homme de Campagne. Ainfi l'on peut fuppofer naturellement qu'un plus grand nombre d'hommes, avec des fonds & des revenus confidérables, continueront à être Négocians dans les Pays où il y a des Dettes publiques; & il faut avouer que ceci eft de quelque avantage pour le Commerce, en diminuant les profits, en augmentant la circulation, & en encourageant l'induftrie (a).

Mais fi vous oppofez à ces deux circonftances favorables qui ne font pas peut-être de grande importance, les défavantages fans nombre qui accompagnent nos Dettes publi-

---

(a) A ce fujet j'obferverai, fans interrompre le fil de l'argument, que la multiplicité de nos dettes publiques, fert plutôt à faire tomber l'intérêt, & que plus le Gouvernement emprunte, plus il doit s'attendre d'emprunter à bon marché; ce qui eft contraire à l'apparence & à l'opinion commune. Les profits du Commerce ont une influence fur l'intérêt. Voyez le Difcours IV.

ques dans toute l'économie intérieure de l'E-
tat, vous ne trouverez aucune comparaison
entre le bien & le mal qui en réfultent.

Premièrement, il eft certain que les Dettes nationales attirent une prodigieufe afflu-
ence de peuple & de richeffes dans la Capitale, par les grandes fommes que l'on leve
dans les Provinces pour payer l'intérêt de
ces Dettes, & peut-être aufli par les avantages dans le Commerce, dont je viens de parler, qu'elles donnent aux Marchands dans la
Capitale fur le refte du Royaume (*a*). La
queftion fe réduit à favoir, fi dans notre pofition, il eft de l'intérêt public que l'on accorde tant de privilèges à Londres que l'on
a déjà portés à un point fi énorme, & qui
paroiffent encore augmenter tous les jours:
beaucoup de gens en craignent les conféquences. Pour moi je ne puis m'empêcher
de penfer, que quoique la tête foit fans con-
tredit trop groffe pour le corps, cependant
cette grande Ville eft fi heureufement fituée,
que l'énorme quantité de fes Habitans eft un
moindre inconvénient que ne feroit même

(*a*) „Les accroiffemens de la Capitale dépen-
„dent de la quantité de rentes, de penfions, de
„gages attribués aux Habitans, &c."
M. MELON, *Chapitre XXII.*

une plus petite Capitale pour un plus grand Royaume. Il y a plus de différence entre le prix des denrées à Paris & en Languedoc, qu'il ne s'en trouve à cet égard entre Londres & la Province d'Yorck (*a*).

Secondement, les Fonds publics étant une sorte de papier de crédit, ont tous les désavantages attachés à cette espèce de monnoie. Ils bannissent l'or & l'argent du Commerce le plus considérable de l'Etat, ils les réduisent à la Circulation commune, & par ce moyen rendent les provisions & le travail plus chers qu'ils ne le seroient autrement.

Troisièmement, les taxes qui sont levées pour payer l'intérêt de ces Dettes embarassent l'industrie, haussent le prix du travail & sont une oppression sur le petit peuple.

Quatrièmement, comme les Etrangers possèdent une partie de nos fonds nationaux, ces Dettes rendent en quelque maniere le Public leur tributaire, & peuvent avec le

____

(*a*) L'Auteur est assez au fait de ce qui se passe en France. En 1753. la mesure de blé valoit à Paris vingt-une à vingt-deux livres: en Languedoc la même mesure cinq à six livres; & ce qu'il y a de plus étonnant, on en achetoit de l'Etranger en Provence.

tems occafionner le tranfport de notre peuple & de notre induftrie.

Cinquièmement, la plus grande partie du fonds public étant toûjours dans les mains de gens pareffeux qui vivent fur leurs revenus; nos effets de cette efpèce donnent un grand encouragement à la vie oifive & inutile.

Mais quoiqu'en balançant le tout, le tort que nos Fonds publics font au Commerce & à l'induftrie foit très-confidérable, il n'eft rien, en comparaifon du dommage qui en réfulte pour l'Etat, confidéré comme un Corps politique, qui doit fe foûtenir lui-même dans la fociété des Nations, & avoir affaire aux autres Etats dans les guerres & dans les négociations. Ici le mal eft pur & fans mêlange, fans aucune circonftance favorable qui puiffe entrer en compenfation, & ce mal eft de la nature la plus grave & la plus importante (a).

On nous dit, à la vérité, que le Public n'eft pas plus foible à la raifon de fes dettes,

---

(a) Ce font toutes ces confidérations qui ont fait dire à M. Davenant, que *les dettes publiques étoient femblables à ces vers rongeurs, dont les ravages fecrets dans un corps abforbent enfin fa fubfiftance.*

puisqu’elles font la plûpart dûes entre les Habitans du Pays, & qu’elles apportent autant à l’un qu’elles tirent de l’autre. C’eſt comme ſi l’on transportoit de l’argent de la main droite à la gauche, ce qui fait que la perſonne n’eſt ni plus riche, ni plus pauvre qu’auparavant (*a*). Ces Comparaiſons ſpécieuſes & ces raiſonnemens, quoique foibles, pourroient paſſer ſi nous n’avions pas à juger ſur des principes. Je demande s’il eſt poſſible dans la nature des choſes de ſurcharger des peuples de Taxes, même lorſque le Souverain réſide parmi eux. Le ſeul doute paroît extravagant, puiſqu’il eſt néceſſaire que dans chaque République il y ait une certaine proportion obſervée entre la partie laborieuſe & la partie oiſive; mais ſi le produit annuel de nos Taxes préſentes eſt engagé, ne faut-il pas en inventer de nouvelles? Et ne peut-on pas abuſer de cette reſſource pour l’Etat à un point qui la rende ruïneuſe & deſtructive (*b*)?

____

(*a*) „Les dettes d’un Etat, ſont des dettes de „la main droite à la main gauche, dont le corps „ne ſe trouvera point affoibli, s’il a la quantité „d’alimens néceſſaires, & s’il ſait les diſtribuer.”
M. Melon, *du Crédit public*, *Chapitre XXII.*
(*b*) „Il n’importe pas à un Etat que l’argent

Dans toute Nation il y a toûjours quelque méthode de lever de l'argent plus facile que les autres, parce qu'elle est plus convenable à la maniere de vivre du peuple, & aux commodités qui font à fon ufage. En Angleterre les droits fur la Dreche & fur la Biere rapportent un très-grand revenu, parce que les opérations de moudre demandent un tel appareil, qu'il est impoffible de les celer. En même tems, ces denrées ne font pas fi abfolument néceffaires à la vie, que leur augmentation de prix affectât beaucoup le petit peuple. Ces taxes étant toutes engagées, quelle difficulté pour en trouver de nouvelles ! Et pour les pauvres quelle véxation ! Quelle ruïne !

Les droits fur les confommations font plus égaux & moins à charge que ceux fur les poffeffions. Quel malheur pour le pu-

---

„foit dans la poche de Jean, ou dans celle de Pier-„re ; mais il importe à l'Etat que tout foit ordon-„né de façon, que celui entre les mains duquel il „fe trouve, foit encouragé à le faire circuler pour „le bien public : on pourroit ajoûter que chacun „ait ce qui lui appartient."

M. Lock, *Some confiderations of the confequences, of the lowering, of intereft, and raifing, the value, of money.*

blic que les premiers foient épuifés ! Et que nous foyons obligés d'avoir recours aux moyens les plus onéreux de lever des Taxes!

Si tous les propriétaires de terres n'étoient que les Intendans du Public, la néceffité ne les obligeroit-elle pas à mettre en œuvre tous les artifices que pratiquent les Intendans pour exercer l'oppreffion, lorfque l'abfence & la négligence du propriétaire les mettent à l'abri de toute recherche?

Quelqu'un ofera-t-il affurer qu'on ne doit mettre aucunes bornes aux Dettes nationales, & que le Public ne feroit pas plus foible quand il y auroit douze ou quinze fchelings par livre fterling, de Taxes fur les terres, engagés avec tous les droits & les impots d'aujourd'hui ? Cette opération a donc quelque autre effet que la fimple tranfportation de propriété d'une main à l'autre. En cinq cens ans la poftérité de ceux qui font en carroffe, & de ceux qui vont derrière, aura probablement changé de place, fans que le Public ait été affecté de ces révolutions.

Il faut avouer que parmi les hommes de tout rang, une longue habitude a introduit une étrange nonchalance à l'égard des Dettes publi-

publiques (*a*), & qui reſſemble beaucoup à celle dont nos Théologiens ſe plaignent avec tant de véhémence à l'égard de leurs dogmes Religieux.

Nous convenons tous que l'imagination la plus propre à ſe flatter ne ſauroit eſpèrer que ce Miniſtere, ou aucun autre à l'avenir, aient une frugalité aſſez rigide & aſſez conſtante, pour faire quelque progrès conſidérable dans l'acquittement de nos Dettes, ou

---

(*a*) *Pendant vingt ans que M.* WALPOLE *a gouverné l'Angleterre, les hommes de la Nation les plus recommandables par leur eſprit & leurs lumieres, Mylord Bolingbroke, Mylord Cheſterfield, Mylord Cartheret, M. Windham, M. Pulteney, le Docteur Swift, le Docteur Arbuthnot, & tant d'autres ont travaillé conſtamment, ſoit dans le* Craft'ſman, *ſoit dans d'autres Ecrits particuliers à éclairer la Nation. Le Miniſtre ſans l'aveugler, trouvoit le moyen de la faire concourir à ſes fins. Ceux qui la repréſentent, & qui par conſéquent lui donnent des loix, gagnés par des places ou des penſions, ont toûjours fermé les yeux. De tous les Ouvrages qui ont été faits à ce ſujet, je ne citerai que celui que l'on peut dire être de main de Maître, ce ſont les* REFLEXIONS *ſur l'Etat préſent de l'*ANGLETERRE, *principalement eû égard à ſes Taxes & à ſes Dettes, que l'on trouvera à la fin de ce Diſcours. L'Auteur eſt dans les mêmes principes, & tient préciſément le même langage que M.* HUME.

que la situation des affaires étrangeres leur
laissent d'ici à long-tems assez de loisir & de
tranquillité pour exécuter une pareille entreprise (*a*). *Que deviendrons-nous donc ?* Si
nous avions assez de Religion & de resigna-
tion à la Providence, cette question, ce me
semble, mériteroit d'être examinée du moins
spéculativement, & peut-être ne seroit-il pas
impossible d'en donner quelque solution con-
jecturale. Ici les évènemens ne dépendront
pas des hasards, des batailles, des négociations, des intrigues & des factions : il y a un

-----

(*a*) Dans les tems de paix & de tranquillité, les
seuls où il est possible de payer des dettes, ceux
dont le revenu est en argent placé à intérêt, n'aiment pas à être remboursés par partie, de sommes
qu'ils ne savent comment placer avantageusement.
Ceux qui ont des terres sont contraires à la continuation des taxes nécessaires pour acquitter l'Etat.
Pourquoi donc un Ministre prendroit-il des mesures si désagréables à tous les partis ? Pour l'a-
mour, je suppose, d'une postérité qu'il ne verra
jamais, ou de quelques personnes raisonnables &
réflechissantes, qui, toutes réunies, n'auroient pas
assez de crédit pour lui assûrer une Election dans
le plus petit bourg d'Angleterre. Il n'est pas vrai-
semblable que nous trouvions jamais un Ministre
si mauvais politique. A l'égard de ces maximes
intéressées & destructives, tous les Ministres sont
assez habiles pour les mettre en pratique.

progrès naturel des choses qui doit guider notre raisonnement.

Comme il n'eût fallu qu'un peu de prudence, lorsque pour la premiere fois nous avons commencé cette pratique d'engager les Fonds publics, pour prévoir, de la nature des hommes en général & des Ministres en particulier, que les choses parviendroient au point où nous les voyons; de même à présent qu'elles sont arrivées jusques-là, il n'est pas difficile d'en deviner la conséquence : & certainement ce ne peut être que l'un de ces deux évènemens, il faut ou que la Nation détruise le Crédit public, ou que le Crédit public détruise la Nation. En Angleterre, comme dans quelques autres Pays, il est impossible que tous les deux subsistent de la maniere dont on les a gouvernés jusqu'ici.

Il y a eû, à la vérité, un plan pour le payement de nos Dettes, qui a été proposé par un vertueux Citoyen, M. Hutchinson, il y a plus de trente ans, & qui a été approuvé par quelques personnes de sens, mais qui ne pouvoit jamais avoir son effet. Il assûroit qu'il y avoit de l'erreur à imaginer que le Public fût comptable de cette Dette, parce que chaque Particulier en devoit une partie proportionnée, & payoit aussi dans ses taxes une partie proportionnée de l'intérêt, outre la dépenſe de la levée de ces taxes. Ne ſerions-nous donc pas mieux, dit-il, de faire une diſtribution proportionnée de la dette parmi nous, & de contribuer, chacun de nous, une ſomme rélative à ſon bien; & par ce moyen d'acquitter à la fois tous nos fonds & tous nos engagemens publics? Il paroît n'avoir pas conſidéré que le Peuple qui travaille paye une grande partie des taxes par ſa conſommation journaliere, quoique ces pauvres Laboureurs, Artiſans, &c. ne ſoient pas en état d'avancer à la fois une partie proportionnée de la ſomme qui ſeroit demandée. Ajoûtons que la propriété en argent ou en marchandiſes commerçables, pourroit aiſément être celée ou déguiſée, & que la propriété en terres & en maiſons qui eſt viſible, ſeroit réellement obligée à la fin de répondre pour le tout, d'où réſulteroient une inégalité & une oppreſſion auxquelles il ne ſeroit pas poſſible de ſe ſoûmettre.

Mais quoique ce projet ne doive vraiſemblablement jamais avoir lieu, lorſque la Nation ſe laſſera enfin de ſes Dettes, ou pour mieux dire, quand elle en ſera entièrement accablée, il ne faudra pas être ſurpris s'il arrive quelque Viſionnaire, avec des plans pour l'en décharger; & comme en ce tems le Crédit public commencera à être ébranlé, pour peu qu'on y touche, on le détruira, comme cela est arrivé en France, & de cette maniere *il mourra de la main des Médecins* (*a*).

Mais il est plus probable que le manquement de foi publique sera l'effet nécessaire des guerres, des défaites & des calamités, ou

---

(*a*) Quelques Etats voisins se servent de moyens très-faciles pour diminuer leurs dettes publiques. Les François sont dans l'usage (comme autrefois les Romains) d'augmenter leur monnoie, & l'on y a tellement accoûtumé la Nation, que ces augmentations ne font aucun tort au Crédit public, quoique par un Edit, elles retranchent à la fois une partie de leurs dettes. Les Hollandois diminuent l'intérêt, sans le consentement de leurs Créanciers; ou ce qui est la même chose, ils taxent arbitrairement les fonds, de même que les autres biens. Si nous pouvions mettre en pratique une de ces deux méthodes, nous ne courrions pas le risque d'être opprimés par nos dettes nationales, & il n'est pas impossible que l'augmentation des charges publiques ne réduise un Ministere embarrassé à essayer un de ces deux moyens, ou peut-être quelque autre. Mais les gens dans ce pays-ci raisonnent si juste sur tout ce qui regarde leurs intérêts, qu'un tel expédient ne trompera personne, & qu'il est probable qu'un si dangereux essai fera tomber entièrement le Crédit public.

peut-être des victoires & des conquêtes. Je l'avoue, lorsque je vois des Princes & des Etats se querellant & combattant au milieu de leurs Dettes, des Fonds & des Charges publiques, cela m'offre l'image de gens qui se batteroient au bâton dans une Boutique de Porcelaine. Comment peut-on espèrer que les Souverains épargneront une sorte de propriété, qui leur est pernicieuse à eux & au Public, lorsqu'ils ont si peu de compassion des vies & des propriétés, qui sont utiles au Public & à eux-mêmes? Laissons venir le tems (& sûrement il viendra) lorsque les nouveaux Fonds créés pour les dépenses nécessaires de l'année, ne seront point souscrits & ne produiront pas les sommes projettées. Supposons ou que l'argent de la Nation est épuisé, ou que notre confiance, qui jusqu'ici a été si grande, commence à nous manquer. Supposons que dans cette détresse la Nation soit menacée d'une invasion, qu'on craigne une rébellion ou qu'elle commence déja à éclater: on ne peut équiper un Escadron faute de paye & d'approvisionnemens, ou même on ne peut avancer un subside étranger. Que faut-il que fasse un Prince ou un Ministre dans une pareille conjoncture? Le droit de sa propre conservation est inaliénable dans chaque Particulier, bien plus encore dans chaque Société ; & la folie de ceux qui seront à la tête de nos affaires, seroit alors plus grande que celle des premiers qui ont contracté ces Dettes, ou ce qui est plus fort, que celle de ceux qui se sont fiés & qui continuent encore à se fier à cette sécurité, si ces Ministres ayant dans leurs mains des moyens de se tirer d'une telle extrémité, ils ne s'en servoient pas. Les Fonds créés & hypothéqués en ce tems produiront un revenu annuel considérable, suffisant pour la défense & la sûreté de la Nation. L'argent est peut-être au Trésor Royal prêt à être délivré pour acquitter un quartier d'intérêt. La nécessité parle, la crainte presse, la raison exhorte, la compassion seule s'oppose & c'est en vain : on se saisira de l'argent pour le service courant, sous les protestations les plus solemnnelles peut-être de le remplacer immédiatement. Mais il n'en faut pas davantage, l'édifice entier déja chancelant tombe à terre & ensevelit des milliers d'hommes sous ses ruïnes. Voilà, je crois, ce qu'on peut appeller *la mort naturelle du Crédit public*. Voilà la révolution où il tend aussi naturellement, que le corps animal tend à la dissolution & à sa destruction (*a*).

(*a*) Les Hommes en général sont de si grandes dupes, que quelque violent que fût le choc que

Ces deux événemens, fuppofés ci-deſſus,

cauſeroit au Crédit public, une Banqueroute volontaire en Angleterre, il ne feroit peut-être pas long-tems fans fe relever dans une condition auſſi floriſſante qu'auparavant. Le préſent Roi de France, pendant la derniere guerre, a emprunté de l'argent à un intérêt plus bas que n'a jamais fait fon Bifaycul, & auſſi bas que le Parlement d'Angleterre, en confidérant le taux commun de l'intérêt dans les deux Royaumes : & quoique les hommes foient plus gouvernés par ce qu'ils ont vû, que par ce qu'ils prévoyent, cependant les promeſſes, les proteſtations, de belles apparences & les appas de l'intérêt préfent, ont fur eux une influence ſi puiſſante, que peu font en étant d'y réſiſter. Les hommes dans tous les ſiècles font pris aux mêmes piéges. Les mêmes manœuvres cent fois répétées les abuſent encore. Les excès de l'eſprit populaire & du Patriotifme font encore le grand chemin du pouvoir & de la tyrannie; la flatterie, celui de la trahiſon; une armée fur pié, celui du Gouvernement arbitraire, & la gloire de Dieu, celui de l'intérêt temporel du Clergé.

La crainte de détruire pour jamais le Crédit, en fuppofant que c'eſt un mal, eſt un épouvantail inutile. Un homme prudent prêteroit réellement plutôt au Public, après qu'on viendroit de paſſer l'éponge fur les dettes qu'à préfent : c'eſt ainſi qu'un Fripon opulent, quand même on ne pourroit pas le forcer à payer, eſt un Debiteur préférable à un honnête Banqueroutier; car le premier,

font déplorables; mais ne font pas les plus terribles. Par-là des milliers d'hommes font facrifiés à la fûreté de plufieurs millions d'autres: mais nous avons à craindre que l'évènement contraire n'ait lieu, & qu'on ne facrifie pour jamais des millions à la fûreté momentanée de quelques milliers (*a*). Peut-

---

pour conduire fes affaires, peut trouver qu'il eft de fon intérêt de payer fes dettes, fi elles ne font pas exorbitantes, & le dernier n'eft pas en état de le faire. Le raifonnement de Tacite, *(Hift. Liv. 3.)* comme il fera toûjours vrai, eft très-applicable à notre fituation préfente: *Sed vulgus ad magnitudinem beneficiorum aderat: Stultiſſimus quisque pecuniis mercabatur: Apud fapientes caſſa habebantur quæ neque dari, neque accipi ſalvâ Republica poterant.* Le Public eft un Débiteur que perfonne ne peut obliger à payer: la feule caution que les Créanciers aient avec lui, eft l'intérêt de conferver le Crédit, un intérêt qui peut aifément être balancé par une très-grande dette & par des conjonctures difficiles & extraordinaires, en fuppofant même ce Crédit totalement perdu. Ajoûtons qu'une néceffité préfente, fouvent force les Etats à prendre des mefures qui, à parler exactement, font contre leurs intérêts.

(*a*) J'ai ouï dire qu'on avoit calculé que tous les Créanciers du Public, naturels & étrangers, montoient feulement à dix-fept mille. Ils font à préfent figure fur leur revenu; mais dans le cas

être que notre Gouvernement populaire fera
qu'il fera difficile ou dangereux pour un Miniftre de hafarder un expédient auffi défefpé-
ré que celui d'une Banqueroute volontaire:
& quoique la Chambre des Seigneurs & la
plus grande partie de celle des Communes,
foient en général compofées de Poffeffeurs
de terre, & qu'on ne puiffe pas fuppofer par
conféquent qu'aucune des deux foit extrèmement intéreffée dans les Fonds; cependant les
liaifons des Membres, avec ceux qui en font
Propriétaires, peuvent être fi grandes, qu'elles
les attachent plus à la foi publique, que la pru-

---

d'une Banqueroute publique, ils feroient réduits
à l'inftant à la derniere mifere. La dignité & l'autorité des poffeffeurs de terre, Nobles ou Rotu-
riers, eft bien mieux fondée, & rendroit la difpu-
te très-inégale fi jamais nous en venions à cette extrémité. On feroit tenté de fixer cet évènement
à une période très-prochaine, comme un demi-
fiècle, fi les Prophéties que nos Peres ont faites de
cette efpèce, ne s'étoient déja trouvées fauffes, par
la durée de notre Crédit public, fi fort au-delà de
ce que l'on devoit raifonnablement attendre.
Lorfque les Aftrologues en France prédifoient
chaque année la mort d'Henri IV. *A la fin*, difoit-
il, *ils auront raifon*. Ainfi nous nous garderons
bien d'affigner une date précife, & nous nous con-
tenterons d'indiquer l'évènement en général.

dence, la politique, ou la juſtice même, à parler ſtrictement, ne le demanderoient. Peut-être auſſi qu'au dehors nos ennemis, ou plutôt notre ennemi (car nous n'en avons qu'un à craindre) peut avoir aſſez de Politique pour découvrir que notre ſalut eſt dans notre dèſeſpoir, & par conſéquent ne nous montrer le danger à découvert que lorſqu'il ſera inévitable.

La Balance du Pouvoir en Europe a paru à nosGrands-Peres & à nos Peres, ainſi qu'à nous, trop inégale, pour qu'elle s'y maintienne encore long-tems, ſans notre aſſiſtance & beaucoup de vigilance de notre part : mais nos Enfans laſ-ſés de ces efforts continuels, & accablés ſous le poids des charges publiques, peuvent demeurer oiſifs, & voir tranquillement leurs voiſins opprimés & conquis, juſqu'à ce qu'à la fin eux-mêmes & leurs Créanciers ſoient à la merci du Conquérant ; & à proprement parler, on peut appeller cet évènement-ci *la mort violente du Crédit public (a)*.

____

(*a*) On trouvera dans l'Ouvrage de M. DE DANGEUL les détails les plus inſtructifs *ſur les Cauſes & les Progrès des Dettes de l'Angleterre*, & les Réflexions les plus ſages *ſur les Abus du Crédit national*. L'Auteur des *Elémens du Commerce* a auſſi tellement approfondi ces matieres qu'il ſemble ne laiſſer rien à déſirer. Cependant elles ſont de ſi haute importance, que je crois qu'on ne peut

Ce font là des évènemens qui ne font pas fort éloignés, & que la raison prévoit auffi clairement prefque, qu'elle peut appercevoir aucune des chofes qui font encore dans l'avenir ; & quoique les Anciens aient fuppofé que pour atteindre au don de Prophétie, il faloit une certaine fureur divine ou une efpèce de folie, on peut affirmer en toute fûreté que pour débiter des Prophéties telles que celles-ci, il ne faut abfolument qu'être dans fon bon fens, & totalement garanti de la contagion des erreurs & de l'extravagance populaires.

---

les mettre dans un trop grand jour : j'ai cherché à puifer dans les Auteurs Anglois eux-mêmes les lumieres dont elles font fufceptibles ; il eft naturel que le Lecteur s'en rapporte plutôt à eux en ce qui regarde leur propre Pays. C'eft ce qui m'a déterminé à faire imprimer à la fuite de ce Difcours *fur le Crédit public*, un petit Ouvrage pofthume de Mylord BOLINGBROKE, que j'ai déja cité, & qui eft précifement dans les mêmes principes. Quand même la haute réputation de cet illuftre Ecrivain, que M. SWIFT appelle le plus grand génie de l'Europe, ne préviendroit pas en fa faveur, il eft certain que fur plufieurs matieres, & fpécialement fur celle en queftion, c'eft un Homme d'Etat dont l'opinion doit faire autorité. Il y aura toûjours à profiter par-tout où il y aura des Dettes publiques, de ce que Mylord BOLINGBROKE a écrit fur les Dettes de l'Angleterre.

RÉFLEXIONS
POLITIQUES
SUR L'ÉTAT PRÉSENT
DE L'ANGLETERRE,

Principalement à l'égard de ses Taxes & de ses Dettes, & sur leurs causes & leurs conséquences,

TRADUITES DE L'ANGLOIS

DE MYLORD BOLINGBROKE.

Mihi autem non minori curæ est qualis Respublica post mortem meam futura sit, quam qualis hodie sit.

Cic. in Læl.

RÉFLEXIONS
POLITIQUES

SUR L'ÉTAT PRÉSENT
DE L'ANGLETERRE,

TRADUITES DE L'ANGLOIS
DE MYLORD BOLINGBROKE.

PUISQUE nous sommes sortis d'une guerre la moins heureuse & la plus coûteuse que cette Nation ait jamais faite, après avoir pris part pendant soixante ans de suite, comme principaux Acteurs, dans toutes les autres guerres & dans toutes les Négociations du Continent; il est tems certainement de ráppeller notre attention à nos affaires domestiques, & de considérer l'état présent de notre propre Pays, particulierement à l'égard de ses Taxes & de ses Dettes ; à la nature & à l'application des premieres, à l'origine & au progrès des dernieres, à la nécessité & aux moyens de diminuer les unes & les autres.

La Révolution de notre Gouvernement en 1680. fait une Epoque très-remarquable dans l'Hiſtoire de la Grande-Bretagne pour beaucoup d'objets, & ſpécialement pour celui qu'on ſe propoſe ici d'examiner. Le revenu public, en argent comptant, ne montoit pas alors à plus de deux millions par an, qui étoient ſuffiſans pour payer les dépenſes ordinaires de la Couronne, auſſi-bien que pour maintenir une Flotte, & une Armée plus grande qu'elle n'étoit néceſſaire en ce tems. Ce revenu étoit levé ſans aucune Taxe ſur la terre ou la Dreche (a), & par quelques-unes de ces impoſitions innombrables, qui ont été miſes depuis, & qui oppriment l'intérêt des Propriétaires de terre & des Marchands de la Nation. De plus ces Droits ont été tellement engagés, que nous ſommes incapables aujourd'hui d'envoyer un bateau à la Mer, ou d'entretenir une ſimple Sentinelle à Whitehall, ſans un nouveau ſubſide.

Les Dettes publiques, celles des Banquiers compriſes, montoient à un peu plus de trois cens mille livres ſterling, au commencement de cette Epoque ; elles mon-

______

(a) Grain moulu pour faire de la Biere.

tent

tent à préfent à quatre-vingts millions. C'eft
fûrement l'objet d'une curiofité raifonnable,
& qui peut être utile, que de découvrir ce
qui a produit un fi grand changement dans
l'état de la Nation.

Le Roi Guillaume s'engagea dans une
guerre forcée avec la France, auffi-tôt qu'il
arriva au Thrône; il étoit néceffaire qu'il
maintînt la Révolution qu'il avoit faite, &
qu'il affermît le droit qu'il avoit acquis à la
Couronne par le meilleur de tous les titres,
le don libre d'un Peuple qu'il avoit délivré
d'une deftruction prochaine, du Papifme &
de l'Efclavage. Cette guerre pouvoit auffi
paroître indifpenfable à un autre égard.

Depuis le Traité de Weftphalie & celui
des Pyrénées, la puiffance & l'ambition de
la France avoient augmenté en même tems
& étoient devenues exorbitantes : loin d'a-
voir fait les efforts néceffaires pour arrèter
cette Puiffance, on n'en avoit même fait aucun capable de l'arrêter. On n'avoit concerté
aucunes mefures, on n'avoit fait aucuns préparatifs pour faire échouer cette ambition,
dans ce grand objet, l'acquifition de la Monarchie Efpagnole à la Maifon de Bourbon.

Depuis la Révolution on s'alarma de ce
dont on auroit dû s'alarmer plutôt. L'efprit

de notre Cour étoit changé; les yeux de notre Peuple s'ouvrirent, & tous les hommes virent combien il étoit nécessaire, de conserver, de concert avec les Espagnols, la succession de leur Monarchie à la Maison d'Autriche, au lieu de la laisser tomber dans celle de Bourbon, qui en étoit exclue par les engagemens les plus solemnels.

La Reine Anne vint au Thrône à la veille d'une autre grande guerre, d'une guerre contre la France & l'Espagne, que son Prédécesseur étoit prêt d'entreprendre lorsqu'il mourut, quoiqu'il ne l'eût pas encore déclarée, & dont l'objet étoit de procurer quelque satisfaction raisonnable à l'Empereur, pour une succession que sa famille avoit alors perdue par sa propre faute.

Le Roi Guillaume qui n'avoit eû que cet unique objet en entrant dans la premiere grande Alliance, n'auroit pas voulu s'engager à rien de plus dans la seconde; mais les intérêts particuliers des Ministres de la Reine, les intrigues de ses Alliés & l'imprudence d'un parti l'entraînerent beaucoup plus loin: & il faut avouer que cette manie de favoriser les intérêts de la Cour de Vienne, qui nous a coûté si cher, a commencé de son tems; quoique son cœur fût, ce qu'elle déclaroit qu'il étoit, totalement Anglois, & non du tems du Roi Guillaume, quoiqu'on l'ait blâmé, très-injuſtement à mon avis, d'avoir eû trop d'égards pour des intérêts étrangers, & trop peu pour ceux de l'Angleterre.

La guerre que fit le Roi Guillaume ne fut pas heureuſe, à beaucoup près : cependant ſi l'Empereur avoit conſenti d'envoyer ſon ſecond Fils en Eſpagne durant la vie de Charles II. le Roi Guillaume auroit réuſſi dans les deux objets de cette guerre. Il ſe ſeroit maintenu ſur le Throne, & auroit obligé la France de promettre de ne le point troubler dans la poſſeſſion de ſon Royaume. Quant à l'autre objet, aucun traité de partage ne lui auroit paru néceſſaire en ce cas, & l'Angleterre n'auroit eu rien de plus à faire, quand la ſucceſſion d'Eſpagne auroit été ouverte, que de ſoûtenir avec la concurrence de toute la Nation Eſpagnole, un Prince Autrichien qui auroit été alors maître du terrein avec une armée Autrichienne, & qui auroit été déja déclaré l'héritier préſomptif ; ainſi nous aurions pû avoir une guerre défenſive à faire avec de grands avantages de notre côté, & les évènemens de la guerre offenſive que nous avons été obligés de faire après, prouvent ſuffiſamment quel auroit été le ſuccès

de l'autre. Les Confeils de Vienne fe faifoient un jeu, fi je puis m'exprimer ainfi,
de ce qui pouvoit nous conduire à notre ruïne; ainfi le Roi Guillaume en Prince fage,
prit la réfolution de n'expofer ni le Pays, ni
le fien propre, à la tâche difficile de recou-
vrer la Monarchie entiere d'Efpagne des
mains de Philippe. Il accommoda fon fyftème aux circonftances du tems, & fon unique but fut de forcer les François & les
Efpagnols à entrer en quelque compofition
fur les prétentions Autrichiennes, fur le
Commerce, fur la barriere, & fur des moyens
efficaces pour empêcher une future union de
la France & de l'Efpagne fous une feule Monarchie.

C'eft là tout ce qu'il avoit pour objet;
mais ceux qui fe plaifoient dans la guerre,
parce qu'ils efpéroient d'y faire des fortunes
immenfes, ceux qui s'amufoient eux-mêmes,
& qui amufoient les autres par de vaines fpé-
culations fur une chofe très-réelle en elle-
même, fur la Balance du Pouvoir, entraînerent adroitement l'Angleterre & la Hollande
dans des engagemens pour déthrôner Philippe, & mettre Charles en fa place, quoique
nous euffions reconnu le premier, quoique
les Caftillans lui fuffent fortement attachés,

& quoiqu'il fût en paisible possession de la domination Espagnole dans les deux Hémisphères. Flattés par des espérances mal fondées d'une révolution en faveur de son Rival, & animés par les premiers succès de nos armes, nous approuvames & nous soûtinmes cet engagement précipité, nonobstant l'absurde conduite de l'Empereur, & la sage réserve du Roi Guillaume qui auroient dû nous mettre également sur nos gardes, & nous rendre moins constans.

On peut faire à ce sujet une remarque qui en vaut bien la peine, & qui fut faite en ce tems par les Espagnols qni reconnurent Philippe V. conformément au Testament de Charles II. & à qui cependant rien ne répugnoit tant, que l'ascendant & l'autorité que la France prenoit sur eux. Ils remarquerent que Cromwell les avoit obligés à donner leur Infante à Louis XIV. en joignant contre eux ses Armes avec celles de France, & que nous étions venus à bout de les réduire un demi siècle après, par une nouvelle guerre, à une dépendance absolue de la France.

La Cour de Vienne qui souhaitoit aussi ardemment d'acquérir les domaines d'Italie, qu'elle paroissoit indifférente sur l'Espagne & les Indes Occidentales, fit son profit de notre imprudence. Elle laissa supporter tout le poids de la guerre à l'Angleterre & à la Hollande. Elle fit pis, non-seulement elle négligea la guerre en n'y contribuant que peu ou presque en rien, excepté le nom d'Autriche & les droits de cette famille ; elle sacrifia le succès de la cause commune, car c'est ainsi qu'elle l'appelloit assez improprement toutes les fois qu'il se trouva quelque petit intérêt inférieur qui lui parut être le sien plus immédiatement. C'est par ces moyens que non-seulement elle prolongea la guerre, mais qu'elle en augmenta la dépense annuelle pour les Anglois & les Hollandois, sans prendre sur elle-même aucune partie de cette dépense qui mérite qu'on en fasse mention.

L'expérience ne nous servit de rien, notre délire politique continua. Il devint en quelque sorte habituel par les artifices employés au-dedans, & par les victoires remportées au-dehors. Avec tout cela la guerre languissoit nonobstant nos derniers efforts. Le poids de l'Autriche devenoit chaque année plus lourd pour nous, tandis que dans le même tems celui de l'Espagne devenoit plus léger pour la France. Les Espagnols à la fin étoient en état de se défendre eux-mêmes contre nous, & les succès de nos ennemis en Espagne les dédommageoient de nos victoires en Flandre.

Le déthrônement de Philippe en faveur de Charles, étoit devenu évidemment un projet chimérique dès l'année mil sept cens dix au plus tard, & il devint dans l'année suivante si inconséquent par la mort de l'Empereur Joseph, à qui son Frere Charles succéda, qu'on ne peut concevoir que ceux qui alors même soûtenoient ce projet avec tant de clameur, fussent de bonne foi, puisque leur but en ce cas auroit été de mettre sur la même tête la Couronne Imperiale & celle d'Espagne, contre l'intérêt commun de l'Europe, & le principe fondamental de la guerre.

Mais quoiqu'il nous fût alors impossible de conquérir l'Espagne par une guerre, nous aurions pû réduire la puissance exorbitante de la France par une paix, en la forçant de renoncer à cette barriere où cette Puissance exorbitante consistoit principalement; ce que devoit avoir eû pour objet, tout homme qui savoit ce qu'il disoit quand il parloit de cette Puissance exorbitante. Elle seroit demeurée par-là aussi ouverte aux incursions de ses voisins, que ses voisins le sont aux siennes, aussi ouverte qu'elle l'a été, lorsqu'un Prince Casimir ou quelqu'autre Général des Réitres, pouvoit pénétrer sans un siège, & quelquefois sans une bataille dans le cœur de ses Provinces.

Mais nous ne voulumes pas nous en tenir à ce dernier projet, parce que nous ne pouvions pas exécuter le premier. Nous agimes comme si nous avions crû qu'on ne pouvoit réduire la Puissance exorbitante d'une famille, sans élever une Puissance aussi exorbitante dans une autre, au lieu de nous rappeller les siècles précédens pour considérer les usurpations, la tyrannie, & la bigotterie que la Maison d'Autriche avoit exercées dans la plénitude de sa Puissance, & qu'elle exerceroit encore si jamais elle y étoit rétablie.

Nous échouames dans nos grands projets politiques, après deux guerres qui, en y comprenant un court intervalle, avoient duré vingt-cinq ans. Nous avions fait tous nos efforts pour empêcher de réussir ce plan d'ambition que la France s'étoit ouvert à elle-même, & qui menaçoit tous ses voisins par le traité des Pirénées; & quoique ce danger nous touchât moins qu'aucune autre Nation engagée dans l'Alliance, nous nous étions épuisés pour la soûtenir.

Lorsque le Roi Guillaume parut immé-

diatement après fur cette grande fcéne d'action, l'Etat de la Nation qui n'étoit pas
chargée de dettes, étoit tel qu'elle auroit pû
foûtenir ce Prince dans le rôle qu'il y a joué
avec la même profufion, & même plus efficacement par le revenu alors fubfiftant, par
l'impofition fur les terres, par celle fur la
Dreche, & par quelques fubfides additionels
qui tous auroient pû être levés dans l'année.
Un plan de cette efpèce fut formé & préfen-
té, il fut reconnu pour être praticable; mais
il fut rejetté par un motif qui parut plaufible
dans fes conféquences.   Il fut dit qu'un nouveau Gouvernement établi contre les anciens principes, & les engagemens actuels
de plufieurs, ne pouvoit en aucune forte
être affuré auffi efficacement qu'il le feroit,
fi l'on faifoit dépendre les fortunes particulieres d'un grand nombre, de fa conferva-
tion; & que cela ne fe pouvoit faire à moins
qu'on ne les induifît à prêter leur argent au
Public, & à recevoir des affurances fous le
préfent établiffement.   Telle eft l'origine des
Fonds publics & du trafic de l'agiotage; ainfi furent établies de grandes Compagnies, les
prétendues créatures ; mais à beaucoup
d'égards les maîtres réels de chaque Admi-
niftration.

P v

Je ne prétens pas déterminer jufqu'où la fageffe de notre Législation auroit pû fe précautionner au commencement de la nouvelle guerre, contre l'augmentation & les progrès de cette humeur chancreufe, qui avoit commencé à ronger nos entrailles dans la premiere. Je remarquerai feulement que le crédit de ces Compagnies étant folidement établi en ce tems, & de pareils membres étant accoûtumés à faire des profits immenfes aux dépens du Public, on ne doit pas s'étonner fi nous fuivimes le même plan durant le régne de la Reine Anne; nous le fimes, & les dettes contractées dans cette guerre étant ajoutées à celles de la premiere, la fomme totale de nos dettes ne monta à guéres moins de cinquante millions.

Après avoir accumulé une dette fi immenfe, la Reine mit fin à la guerre ; elle ne pouvoit tenter d'altérer le fyftème tant que cette guerre dura, fans jetter toute l'Alliance dans la confufion, après que quelques-uns des principaux Alliés avoient déclaré à·la mort de Jofeph, qu'ils ne confentiroient jamais que Charles fût tout à la fois Empereur & Roi d'Efpagne.

L'intérêt de l'Angleterre nous obligeoit, fans doute, à détourner nos regards du Continent fur notre propre Isle, & à profiter des circonſtances & des avantages que la paix nous procuroit. (*a*). Quelques préventions qu'on ait adroitement répandues contre celle d'Utrecht, il eſt du moins certain que nous n'étions plus obligés par les Traités de prendre d'autre part dans les affaires du Continent,

---

(*a*) „En libérant les revenus de l'Etat, & en „laiſſant les Peuples reprendre des forces par la „modération des impôts, l'aiſance & la douceur „de la paix, l'emploi de tous les fonds publics, & „les ſecours extraordinaires des Sujets enrichis de „nouveau, ſeront ſuffiſans pour les dépenſes d'une „nouvelle guerre. En effet, il eſt certain qu'un „Etat qui n'acquitteroit point ſes Dettes pendant „la paix, & qui continueroit ſon cours de percevoir les mêmes augmentations de tributs qu'exigeoient les néceſſités de la guerre, ne ſe trouveroit pas en état de réſiſter à de nouvelles attaques: „il en feroit même moins reſpecté des autres Puiſ„ſances, qui ſauroient qu'il ſe prive des reſſour„ces que peuvent donner des Peuples repoſés & „ſoulagés par l'économie du Gouvernement, ſes „Rivaux ſur-tout verroient, avec Plaiſir, qu'il „conſomme imprudemment pendant la paix, ce „qu'il devroit réſerver pour un effort extraordi„naire."

DON GERONYMO DE UZTARIZ, *Théorie & Pratique du Commerce & de la Marine*, *Chapitre LXVI.* A Paris, chez la Veuve Etienne, 1753.

que celle qu'exigeoit l'intérêt immédiat de notre propre Pays. L'occasion & les moyens de diminuer les Taxes, de faire revivre le Commerce & de payer les Dettes nous étoient ouverts.

Ce plan pacifique auroit dû certainement être suivi, jusqu'à ce que nous eussions rétabli nos affaires, recouvré suffisamment notre premiere force, & jusqu'à ce que nous fussions en état de prendre aux évènemens futurs la part que notre honneur ou notre intérêt pouvoient exiger : on devoit même s'attacher à ce plan d'autant plus nécessairement dans le cas où la France seroit demeurée trop puissante, peu importe par la faute de qui, comme je suis prêt à convenir qu'elle l'étoit; & en effet on devoit regarder dans ce siècle les deux branches de Bourbon, de même que dans le dernier les deux branches d'Autriche, comme des Alliés inséparables unis par le sang & par une ambition commune. On auroit aussi trouvé ce plan facile à exécuter; une longue minorité commençoit en France, & d'ailleurs à cette Cour & dans ce Pays, plusieurs autres circonstances de caracteres & de situation y étoient extrèmement favorables.

Tel devoit être le plan de notre Politique,

mais malheureusement il fut tout autre. Le feu Roi, comme Electeur d'Hanovre, avoit raison, sans doute, de désirer l'acquisition de Bremen & Verden. Notre Nation y contribua de son argent, & en vint à bout par ses armes: quoique cette entreprise fût totalement contraire aux engagemens que la Couronne d'Angleterre avoit pris, lorsque le Roi Guillaume donna sa garantie au Traité de Travendal. Cette acquisition devint le premier anneau de cette chaîne politique, par laquelle nous avons été entraînés dans des troubles nouveaux & ruïneux, dont nous sentons encore aujourd'hui toutes les conséquences.

Lorsque le Roi acquit ces Duchés, il devint nécessaire d'en procurer l'investiture; & je puis dire, parce que je puis le démontrer, qu'on auroit pû procurer ces investitures, & flatter l'Empereur de l'acquisition de la Sicile par des mesures aussi efficaces & beaucoup plus conséquentes avec les premiers Traités & la tranquillité publique, que celles qui furent prises. La maison d'Autriche sacrifia le succès de la guerre à l'acquisition immédiate de Naples. Nous sacrifiames tous les avantages de la paix pour lui procurer celle de la Sicile de la maniere que nous la lui procurames. J'ai entendu dire tandis que ces affaires se négocioient, que le Traité de la Quadruple Alliance completeroit celui d'Utrecht; mais l'évènement a montré, & il étoit aisé de prévoir qu'un de ces Traités détruiroit le système de l'autre. Si nous avions maintenu la neutralité d'Italie, comme nous étions obligés de le faire par les Traités, même en favorisant l'Empereur dans l'acquisition de la Sicile, & cédant à la Maison de Savoye les successions éventuelles, qui selon nos stipulations auroient dû être donnés à l'Espagne, l'objet du Traité d'Utrecht auroit été rempli, & la France, en concourant dans ces mesures, auroit montré sa sincerité dans le projet de maintenir l'établissement de l'Europe; mais lorsqu'elle devint un des Membres de la Quadruple Alliance, elle n'avoit d'autre intention que de donner à la branche Espagnole de Bourbon une occasion d'annexer de nouveau à cette Couronne les domaines d'Italie; & nous fumes grossierement ses dupes, lorsque nous triomphames de ce qu'elle étoit entrée dans la Quadruple Alliance, & de ce qu'elle fit une guerre de moquerie à Philippe pour y accéder.

Aussi long-tems donc qu'il y eut des espérances d'obtenir une investiture extraordi-

naire de Bremen & Verden, nous flattames
l'Empereur, non fans qu'il nous en coûtât
beaucoup. Dès qu'il parut qu'on ne pourroit obtenir cette inveſtiture autrement que
comme elle avoit été accordée anciennement, nous l'inſultames. Nous lui impu-
tames des deſſeins qu'il a conſtamment déſa-
vués, & que nous n'avons jamais prouvés;
après quoi, nous nous plaignimes de ſon in-
gratitude, nous le menaçames de la guerre,
& nous nous y préparames en maintenant
avec grande profuſion, une armée ſur pié
de Heſſois en Allemagne. Les mêmes gens
qui s'étoient plaints ſi récemment que la
France étoit demeuré trop puiſſante par le
Traité d'Utrecht, & qu'il naîtroit de grands
dangers de ſon étroite liaiſon avec l'Eſpagne,
ſe plaignoient à préſent du trop grand pouvoir de la Maiſon d'Autriche, & du danger
qui naîtroit d'une bonne intelligence entre
l'Empereur & le Roi Philippe. Enfin notre
Politique fut non-ſeulement variable, mais
incompréhenſible pour tout homme qui
connoiſſoit l'état & l'intérêt de la Grande-Bretagne; mais qui n'étoit pas ſi bien au fait des
différentes tournures d'intérêt qu'il faloit ménager au-dehors.

Lorſque nos Miniſtres ſe furent une fois

départis de la droite ligne de la Politique Angloise, la difficulté d'y revenir devint chaque année plus grande, & en même tems l'inclination moindre. Nous continuames à nous remuer, & à faire beaucoup de fracas dans chaque Cour de l'Europe. Nous négociames contre l'Empereur de concert avec la France, & nous lui donnames par-là les moyens de regagner plus de ce crédit & de cette influence dans l'Empire qu'elle avoit eûe anciennement, qu'elle n'en auroit pu acquérir sans notre assistance. Nous manœuvrames pour faire au dehors une paix qui nous étoit aussi à charge que la guerre. Au dedans on laissa prévaloir des abus de toute espèce. Le Commerce ne fut ni soulagé ni encouragé; & l'acquittement graduel de nos Dettes fut totalement négligé par un Ministre qui cherchoit plus à tenir son Pays sous cette oppression, qu'il n'ignoroit les moyens de l'en délivrer. Pendant que nous nous conduisions ainsi, la France devint frugale, elle rendit le poids des Dettes qu'elle ne pouvoit pas payer plus supportable, elle accrut son Crédit, elle étendit son Commerce. Enfin sa force augmenta & la nôtre diminua. Nous fumes réduits à un état de foiblesse que nous n'avions jamais sentie

tie auparavant; & cette même foibleffe étoit le prétexte dont on fe fervoit pour fupporter lâchement les pertes que fouffroient nos Marchands & tous les affronts que le Gouvernement recevoit, de peur que nous ne fuffions entraînés dans une guerre, en ufant de repreffailles, le droit commun des Nations.

Quelque traitables que nous fuffions, l'infolence des Efpagnols, l'impatience raifonnable de nos Marchands, & cette même lâcheté de notre Gouvernement rendirent une guerre de Mer inévitable, précifement avant la mort de Charles VI. évènement qui fit prendre les Armes aux principales Puiffances de l'Europe, qui mit tout le continent en feu, & forma une de ces conjonctures où notre honneur & notre intérêt peuvent nous obliger de prendre part, & pour lefquelles par conféquent nous devrions toûjours être préparés.

Nous ne l'étions en aucune maniere après vingt-fix ou vingt-fept ans de paix; & cependant lorfque nous y primes une part, nous primes la plus prodigue & la plus oppofée à notre Politique que nous pouvions prendre. Ce fut une part miférable par Mer au commencement, & dans tout le cours de la guerre par terre. Je ne rappellerai ni ce que nous fimes, ni ce que nous négligeames de faire, & je fouhaite pour l'honneur de mon Pays que le tout puiffe être enterré dans l'oubli. Il importe feulement à mon deffein de remarquer: Premierement, que nos Confeils fembloient être les échos de ces Partifans Flibuftiers, Trenck & Mentzel, qui ne parloient de rien moins que de conquérir les deux Alfaces & les Trois-Evêchés, & de dévafter la Champagne, tandis que tous nos projets offenfifs échouoient chaque jour fur le Rhin. Secondement, que nous nous fommes refufés à toutes les ouvertures de paix, lorfque le fiège de la guerre a été transféré avec grand avantage pour la France, de l'Allemagne dans les Pays-Bas, où nous étions réfolus de la faire bon gré malgré les Hollandois, & où nous avons été battus partout où Mylord Marlborough avoit fait des conquêtes.

Chaque défaite en cette guerre, de même que chaque triomphe dans la derniere devint une raifon pour la continuer, & cette conduite pour laquelle on n'avoit aucune raifon fupportable à alléguer, donna lieu à ceux qui font foupçonneux & pénétrans de répandre beaucoup de fcandale, & je crois avec raifon. Enfin, quelqu'en fuffent les raifons, nous continuames cette guerre malheureufe

fi long-tems, & nous la pouffames fi fort au-
delà de nos forces, que nous étions réduits
dans peu de mois à faire banqueroute, lorfque les François nous ont accordé miracu-
leufement les mêmes conditions qu'ils nous
auroient accordées deux ou trois ans auparavant; & lorfqu'ils auroient pu marcher, fans
beaucoup de trouble ou d'oppofition, après
avoir pris Maeflricht dans le cœur des fept
Provinces: car notre derniere reffource, l'armée Mofcovite, étoit trop loin pour mettre
la nôtre en état de faire réfiftance.

En faifant la guerre dans les Pays-Bas préf-
que entièrement à nos propres dépens, &
fans aucune efpérance de fuccès, notre but
étoit de caufer une telle diverfion aux forces
de la France, qu'elle pût ne laiffer rien à
craindre à l'Allemagne fur le Rhin, & qu'elle pût donner le tems & l'occafion à l'Impératrice Reine de chaffer les François & les
Efpagnols de la Lombardie. Nous nous fa-
crifiames nous-mêmes à ce deffein; mais en
cette guerre comme dans la derniere, la Cour
de Vienne ne facrifia rien. Depuis le tems
que les François avoient été obligés plus par
la maladie de leurs troupes, & la mauvaife
conduite de leurs Généraux, que par la force des Armes Autrichiennes d'abandonner

l'Allemagne; l'Impératrice Reine paroiſſoit faire la guerre préciſément comme il convenoit à ſa ſituation, pour ſauver le plus de dépenſe qu'il étoit poſſible dans les Pays-Bas, pour piller tout ce qu'elle pouvoit en Italie, & pour nous faire payer les ſubſides immenſes que nous donnions pour ces deux objets.

Dans les Pays-Bas, nous étions très-inférieurs en nombre par les manques de ſes Contingens: en Italie où nous avions jetté les Génois dans les bras de la France & de l'Eſpagne, avec une grande & juſte indignation contre nous pour le Traité que nous avions fait à Worms, & auquel cependant nous les avions obligés de ſe ſoûmettre après la Bataille de Plaiſance, nous en perdîmes tout l'avantage par l'inſatiable avarice & l'extrême brutalité des Autrichiens. Nous ne laiſſames pas de continuer encore nos efforts de ce côté-là; & la farce du ſiège de Gènes, car ce n'étoit pas autre choſe, & les invaſions ſi tranquilles de la Provence & du Dauphiné, n'avoient d'autre but que de nous amuſer, & de nous en impoſer dans la chaleur de notre zèle.

Nos dépenſes dans chaque partie de cette étrange guerre, particulierement dans les Pays-Bas, ont été faites ſans meſure, parce

qu'elles ont été faites arbitrairement, comme s'en convaincront bien-tot ceux qui exa-
mineront les comptes de l'Artillerie, du Fou-
rage, des Hopitaux, & des autres dépenses
imprévues.   Les subsides que le Parlement
a fournis depuis l'année 1740. exclusive-
ment, jusqu'à l'année 1748. inclusivement,
montent à cinquante-cinq millions cinq cens
vingt-deux mille neuf cens cinquante-neuf
livres sterling seize schelings & trois sols, &
la nouvelle dette que nous avons contractée à
plus de trente millions, qui font près de
vingt millions de plus de dette que la France
n'en a contracté dans le même tems, une
somme qui paroîtra incroyable aux Nations
futures, & qui l'est presque aujourd'hui
même.

Il y a trois Réflexions à faire sur cet état,
qui doivent ajoûter à notre étonnement. La
premiere, qu'une grande partie de cette dépense a été accordée à raison de la guerre,
principalement depuis qu'il ne restoit aucun
motif pour la continuer; c'est-à-dire, depuis
le tems qu'il étoit en notre pouvoir d'avoir
une paix du moins aussi avantageuse que celle que nous avons à présent obtenue, & je ne
place pas cette époque plus haut que l'an-
nee 1747. quoique je pusse peut-être sur de

très-bons fondemens la reculer encore davantage. La seconde, que la dette contractée en ce tems excède de beaucoup celles des guerres du Roi Guillaume & de la Reine Anne, quoiqu'elles aient toutes deux été beaucoup plus longues, & que la derniere ait été non-seulement beaucoup plus étendue, mais portée dans des pays dont la distance & plusieurs autres circonstances augmentoient chaque article de notre dépense extraordinaire. La troisième, que nous avons jetté par nos Négociations & par la derniere guerre, dans les mains de la Maison de Bourbon, beaucoup plus de Domaine en Italie, qu'il n'en eût fallu pour engager les François à Gertruydenberg de rappeller Philippe, & abandonner l'Espagne & les Indes, ce qu'ils étoient prêts de faire à ces Conférences, comme Buys & Vanderdussen, en informerent les Ministres des Alliés en faisant un de leurs rapports à cette Assemblée.

Toute fâcheuse qu'est notre situation, ne dèsespérons pourtant pas. Ne pas dèsespérer de la République, quelque soit sa condition, c'est le principe d'un vrai Patriote; c'est-à-dire, d'un Homme qui sert fidellement son Prince & son Pays: nous pouvons rappeller à ce sujet un exemple qui mérite d'être cité dans un Livre qui est dans les mains de beaucoup de gens, & que j'imagine au moins qu'on aura lû â la Cour, je veux parler des Mémoires du Duc de Sully.

Nous y trouvons qu'Henri IV. s'appliqua tout entier à tout ce qui pouvoit être utile ou même convenable pour son Royaume, sans cesser cependant de faire attention à ce qui arrivoit au-dehors, aussi-tôt qu'il eut mis fin aux guerres civiles de France, & qu'il eut conclu la Paix avec l'Espagne à Vervins. Y a-t-il un homme, soit Prince ou Sujet, qui puisse lire, sans être pénètré des sentimens les plus élevés & les plus tendres, le langage qu'il tint à M. le Duc de Sully (*a*), à ce tems, où il se crut lui-même prêt de mourir d'une grande maladie qu'il eut à Monceaux. „Mon „ami, lui disoit-il, je n'appréhende nulle-„ment la mort; vous le savez mieux que „personne, vous qui m'avez vû en tant de „périls, dont il m'étoit si facile de m'exem-„ter: mais je ne nierai pas que je n'aye regret „de sortir de la vie, sans élever ce Royaume „à la splendeur que je m'étois proposée, & „avoir témoigné à mes Peuples que je les

____

(*a*) Voyez ses Mémoires, Livre X. sous l'année 1598.

Q iiij

„aime, comme s'ils étoient mes Enfans, en
„les déchargeant d'une partie des Impôts, &
„en les gouvernant avec douceur (*a*)."

(*a*) Ces paroles d'Henri IV. qui font un ſi
grand effet, ſont une preuve que la véritable éloquence eſt celle du ſentiment. Et comment n'en
ſeroit-on pas touché? *C'eſt le cœur qui parle au*
cœur, pour me ſervir de l'expreſſion de M. DE BUF-
FON. L'Art n'imiteroit qu'imparfaitement le pa-
thétique qui regne dans ces Diſcours. Cette même éloquence ſe retrouve prèſque dans l'uſage
qu'en fait M. le Comte DE BOLINGBROKE: il
communique à ſes Lecteurs cette chaleur de ſentimens dont il eſt lui-même pénètré. Le Citoyen
vertueux y paroît tranſporté de la façon de penſer
d'un grand Roi, & le cœur y parle encore au cœur.
C'eſt à cette ſenſibilité pour tout ce qui intéreſſe le
bonheur des hommes, & que la ſeule apparence
de pouvoir y contribuer émeut effectivement; que
parmi cette foule d'Ecrivains en tout genre, dont
le beſoin ou la vanité ſont l'unique vocation, l'on
reconnoît le petit nombre de ceux qui ſont véritablement appellés à L'un des plus nobles emplois
de la Société, celui de l'éclairer, & qui ſont en effet dignes d'être les Précepteurs du Genre humain.
Tel eſt Mylord BOLINGBROKE dans la plûpart
de ſes Ouvrages, ſur-tout dans ceux qu'il a faits
pour n'être publiés qu'après ſa mort. Comme il
n'y a pas eu pour objet l'eſtime de ſes Contempo-
rains, quel autre principe peut les lui avoir dictés

L'état de la France étoit alors pire que ce-

---

que l'amour du bien public & de la poſtérité?
Tel paroît être l'eſprit qui l'animè toûjours, &
qui le caractériſe en effet parmi les Ecrivains Anglois.   Auſſi M. Hume dans ſon petit *Eſſai ſur
l'Eloquence* ne craint pas de dire que s'il s'étoit élevé un génie auſſi cultivé que Mylord Bolingbroke durant les guerres civiles, lorſque la Liberté commençoit à s'établir, & que dans les Aſ-
ſemblées du Peuple on diſcutoit les points les plus
eſſentiels du Gouvernement: il eſt perſuadé, dis-
je, qu'un exemple auſſi illuſtre auroit donné un
tour tout différent à l'éloquence Angloiſe, &
qu'elle auroit pû atteindre la perfection des anciens modeles.   „Alors, dit-il, nos Orateurs au-
„roient fait honneur à notre Pays, auſſi-bien que
„nos Poëtes & nos Philoſophes, & nous aurions
„eu nos Cicérons, auſſi bien que nos Platons &
„nos Virgiles."
A l'égard du Diſcours d'Henri IV. il y regne
cette ſorte de ſublime que la grandeur des ſentimens donne aux expreſſions les plus ſimples: il
eſt d'autant plus remarquable qu'il n'étoit que
l'effuſion de ſon cœur dans le ſein d'un Ami. Une
Princeſſe de ſon ſiècle, & qu'on peut lui comparer à beaucoup d'égards, puiſque, comme lui, elle
a fait la gloire & le bonheur de ſes Peuples, Eliſabeth dans une occaſion importante tint un Diſcours, qui, comme il étoit étudié, s'il n'eſt pas la
preuve de la même bonté, du moins en eſt une
certaine de ſa Prudence & de ſa Politique. Le

Q v

lui de l'Angleterre ne l'eſt à préſent: les Det-

Leſteur ne ſera peut-être pas fâché d'en voir ici la Traduction. Imitons les Anglois; ils viennent juſques chez nous chercher des exemples de vertu: allons à notre tour nous inſtruire à leur Ecole, nous y trouverons ſouvent des modeles de ſageſſe.

La Reine Eliſabeth, dans la quarante-troiſième année de ſon Regne, accorda à quelques Marchands particuliers de certains Privilèges, qui étoient contraires au Commerce général de la Nation. Le Parlement en fut très-mécontent: la Reine craignant d'avoir été trompée les révoqua ſur le champ. La Chambre des Communes ſenſible à la bonté de la Reine lui fit une Députation pour l'en remercier. Voici la Réponſe de la Reine à ces Députés.

„L'affection ſinguliere que non-ſeulement vous „me portez dans vos cœurs, mais dont vous venez „de me donner des preuves ſi manifeſtes, mérite „de ma part & des remercimens & des éloges ſin- „ceres: vous m'avez fait revenir d'une erreur qui „procédoit de mon ignorance & non de ma vo- „lonté. J'aurois vû ces nouveaux Réglemens „tourner à mon dèshonneur, moi, à qui rien n'eſt „ſi cher que le ſalut & l'amour de mon Peuple, ſi „vous ne m'aviez détrompée, & fait connoître les „harpies & les ſangſues qui m'avoient ſéduite. „Que mon cœur ou ma main périſſent, plutôt „que mon cœur ou ma main accordent à des Mo- „nopoleurs des Privilèges préjudiciables à mon „Peuple. La ſplendeur de la Majeſté Royale, n'a

tes auffi confidérables, plufieurs des Provinces entièrement épuifées, & nulle d'elles
dans une condition à pouvoir fupporter aucune nouvelle impofition.   Les revenus or-

---

„pas tellement aveuglé mes yeux, que je préfere
„le pouvoir licencieux à la juftice.   La gloire du
„nom de Roi peut abufer des Princes qui ne favent
„pas gouverner, comme des pilules dorées trom-
„pent de pauvres malades: mais je ne reffemble
„pas à ces Princes, car je fais que je dois gouver-
„ner l'Etat pour le bien de ceux qui me font com-
„mis, & non pour mon avantage particulier.   Je
„fais qu'un jour j'en dois rendre compte devant
„un autre Tribunal.   Je me trouve heureufe, de
„ce qu'avec l'affiftance de Dieu, j'ai gouverné l'E-
„tat avec tant de fuccès, & de ce que j'ai des Su-
„jets, tels que pour leur bien, je quitterois vo-
„lontiers & le Thrône & la vie.   Quelque foient
„les malverfations, dont les autres fe rendent
„coupables par leurs fauffes fuggeftions, je vous
„prie de ne me les point imputer.   Que le té-
„moignage d'une confcience pure à tous égards,
„me tienne lieu d'excufe.   Vous n'ignorez pas
„que ceux dont les Princes font obligés de fe fer-
„vir, font fouvent trop attachés à leur intérêt par-
„ticulier; qu'on cache la plûpart du tems la vérité
„aux Princes, & qu'il eft impoffible que beau-
„coup de chofes ne leur échappent, chargés, com-
„me ils le font, du fardeau des plus grandes &
„des plus importantes affaires.''

dinaires n'apportoient dans les coffres du Roi pas plus de trente millions, quoiqu'on levât sur ses Peuples cent cinquante millions, tant les abus de ce Gouvernement étoient considérables dans la levée de l'argent, & ils n'étoient pas moindres dans l'emploi qui s'en faisoit. Tout le plan de l'administration, étoit un plan de fraude, & tous ceux qui y avoient part, trompoient le Public depuis les plus hauts Offices jusqu'aux plus bas, depuis les Conseillers du Conseil des Finances, jusqu'aux Sous-Fermiers & aux Sous-Tréforiers. Sully vit ce dèsordre dans les affaires avec horreur, lorsqu'il vint à avoir la Surintendance des Finances. Il étoit prêt à dèsespérer, mais il ne dèsespéra pas. Le zele pour son Maître, le zele pour son Pays, & ce même état des affaires en apparence si dèsespéré, animerent ses efforts ; & la pensée la plus noble qui se soit jamais présentée à l'esprit d'un Ministre, entra dans le sien. Il prit la résolution de faire, & il fit de la réforme des abus, de la réduction des dépenses & d'une conduite frugale, le fonds d'amortissement pour le payement des Dettes nationales, & le fonds suffisant pour toutes les grandes choses qu'il avoit dessein de faire sans surcharger le Peuple.

Il réuſſit dans toutes. Les Peuples furent immédiatement ſoulagés, le Commerce reprit vigueur, les coffres du Roi furent remplis, une Marine fut créée. Enfin, il prépara tout ce qui étoit néceſſaire pour mettre la Nation en état d'éxécuter de grands deſſeins, toutes les fois que de grandes conjonctures ſe préſenteroient d'elles-mêmes. Tel fut l'effet de douze ans d'une intègre & ſage adminiſtration, & cet effet ſe feroit manifeſté dans de grandes entrepriſes contre la Maiſon d'Autriche, plus formidable en ce tems que la Maiſon de Bourbon ne l'a été dans le nôtre, ſi Henri IV. n'avoit pas été poignardé par un de ces aſſaſſins, dans les mains deſquels l'intérêt de la Maiſon d'Autriche & le fanatiſme de Religion avoient mis le poignard plus d'une fois.

Lorſque nous conſidérons dans ces Mémoires & dans quelques autres qui ſont venus juſqu'à nous, le déplorable état auquel la France étoit réduite à la fin du ſeizieme ſiècle, nous éprouvons une partie de cette horreur que Sully reſſentit alors, & nous ſommes prêts d'avouer que la ruïne de ce Royaume, la banqueroute & la confuſion auroient ſuivi néceſſairement ſi l'on n'avoit pas profité immédiatement, & auſſi ſagement, & auſſi vigoureufement qu’on le fit, de l’occafion que fournit cette Conjoncture paifible. Ne verrons-nous pas du même œil notre propre déplorable condition, & les conféquences qui en réfultent néceffairement? N’en ferons-nous pas encore plus fortement affectés? Ne fommes-nous pas auffi près d’une banqueroute que la Nation Françoife l’étoit en ce tems-là, & beaucoup plus près encore qu’elle ne l’eft aujourd’hui? La confufion ne peut-elle pas fuivre ici auffi-bien que là? Et finalement l’ambition réunie des deux branches de Bourbon, ne peut-elle pas dans quelque conjoncture future produire des effets auffi funeftes, & plus funeftes pour nous, fi nous continuons dans notre état d’impuiffance, jufqu’à ce qu’il arrive une conjoncture femblable à celle qui étoit à craindre pour la France au tems dont nous parlons, de l’ambition réunie des deux branches d’Autriche? Enfin, nous avons beaucoup à appréhender, à moins que nous n’ayons le courage & la vertu de fonder nos playes domeftiques jufqu’au fonds, & d’y appliquer immédiatement, non des palliatifs, mais des remèdes fpécifiques. Si nous prenons ce parti au lieu de craindre les autres, nous pouvons devenir encore une fois formidables nous-mêmes; mais il eft certain que ceux qui se tireront les premiers d'une misere commune à nous & à nos voisins, donneront la loi à qui ils voudront.

On dira peut-être que nous n'avons-pas de Sullis parmi nous. Je ne prendrai pas sur moi de décider si nous en avons ou non; mais j'oserai dire d'après Sully lui-même, que quoique de bons Princes puissent manquer à de bons Ministres; cependant de bons Ministres ne manqueront jamais à un Prince qui a assez de discernement pour les trouver, qui les choisit pour leurs talens supérieurs, leur expérience & leur intégrité, & qui a le courage de les soûtenir, comme Henri IV. soutint Sully contre les Favoris, les Maîtresses, les cabales de la Cour & les factions de l'Etat.

On dira peut-être encore qu'un Roi de France a assez de pouvoir par la constitution de ce Gouvernement pour soûtenir un Ministre, qui arrête la corruption, réforme les abus, & dispense avec sagesse & économie les revenus publics. Mais on peut demander comment un Ministre qui voudroit faire la même chose, pourroit être soûtenu dans un Gouvernement tel que le nôtre, où il seroit sûr d'avoir pour ennemis tous ceux qui auroient partagé si long-tems les dépouilles publiques, ou qui souhaiteroient de les par-

tager, & où les ennemis auroient les occafions & les moyens de le fupplanter, nonobftant la protection de fon Maître? Je répons
par le Parlement; combien de Miniftres
avons-nous eûs, à qui l'on pouvoit imputer
beaucoup de mal, fans pouvoir leur attribuer
aucun bien arrivé à la Nation, & qui ont été
long-tems foutenus par la faveur de la Cour,
& la concurrence des deux Chambres que
cette faveur & leur propre conduite leur
avoient procurée? Ces appuis feront-ils fuffifans pour un Miniftre méchant ou foible?
Et l'innocence & la capacité avec la même
faveur & une meilleure conduite, ne feront-
elles comptées pour rien? Je ne puis penfer
fi mal, même du fiècle préfent tout dégènéré qu'il eft. Il eft dégènéré fans doute; mais
j'ai entendu des gens fe plaindre de cette dépravation qui l'avoient premierement encou-
ragée, & qui dans la fuite l'alléguoient pour
leur excufe.

Le pouvoir délégué d'un Miniftre, fous la
prérogative légale de la Couronne, eft fuffifant pour exécuter un fyftème de réforme &
d'économie dans le cours ordinaire des chofes, fi le Miniftre l'a réellement pour objet, &
toutes les fois que des pouvoirs extraordinaires manquent pour des opérations extraordinaires,

naires, comme cela doit arriver dans un Etat tel que le nôtre, ils feront efficaces s'ils font accordés; s'ils ne le font pas, ceux qui les refufent fouffriront eux-mêmes & non le Miniftre, d'un refus dont ils font refponfables à la Nation. Le Rentier peut continuer à jouïr d'un peu plus de revenu par ce refus, mais fa fortune fera moins fûre & plus expofée à quelque revers futur. Le Marchand continuera de commercer, celui qui a des terres, de labourer & femer, fans même avoir l'efpérance de voir leur fervitude adoucie, non pour d'honnêtes Créanciers feulement, mais pour des Ufuriers & des Agioteurs, pour ces fangfues qui fe rempliffent continuellement du fang de la Nation, & qui ne cefferont jamais de le fucer. La Nation en même tems fera réduite à la plus grande pauvreté; & c'eft particulierement à ceux qui nous y ont prefque réduits, de montrer que ce n'étoit pas là leur objet, en concourant vigoureufement avec les Citoyens courageux qui ont fait, & continueront à faire tous leurs efforts pour prévenir ce malheur.

Les difficultés que nous avons à furmonter ne feroient pas fi grandes qu'elles le font, nonobftant la grande·profufion dont la derniere guerre a fourni l'occafion & le prétexte, si nous n'éprouvions pas dans cet exemple, comme nous l'éprouvons dans les autres, les fatales conséquences d'une administration précédente. On auroit pû dans ce tems pourvoir aisément au payement de nos Dettes; quatorze ans même qui font un peu plus des deux tiers du tems qu'elle a duré, auroient été suffisans pour les réduire à vingt millions. Si cela avoit été fait, la mémoire de la personne qui étoit à la tête de cette administration, & qui en avoit tout le pouvoir, auroit pû mériter d'être honorée.

Nourrissons dans nous-mêmes, & cultivons dans les autres des sentimens plus élevés & plus dignes du nom Anglois que ceux des personnes dont je parle. Plus les malheurs & les dangers de notre Nation sont grands, plus grands devroient être les efforts de chaque homme en particulier pour soulager son Pays des uns, & par-là le préserver des autres. Nous sommes dans une crise qui doit tourner à la vie ou à la mort, & qui ne sauroit aboutir à la premiere, à moins qu'on ne se serve de remèdes beaucoup plus efficaces que ceux des Charlatans, qui trouvent leur compte à pallier le mal & à prolonger la maladie. Pallier où prolonger dans le cas où nous sommes, ce seroit tuer, ou faire quelque chofe de pis que de tuer, rompre entierement notre conftitution pour rendre une maladie accidentelle, habituelle & incurable.

On diminuera, dit-on, un ou deux fchelings par livre cette année fur la terre; & tout ce qui manque pour le fervice courant par-deffus les deux fchelings qui reftent, & la Taxe fur la Dreche, fera emprunté fur le crédit du fonds d'amortiffement à trois pour cent. L'appas fera tentant; car toute diminution de Taxes doit l'être pour ceux qui ont fuccombé pendant fi long-tems fous le poids d'un fi grand nombre d'impofitions. Mais je puis hafarder de dire, que ce ne fera pas autre chofe qu'un appas; & que ceux qui l'avalent auront lieu de fe repentir de leur imprudence, lorfqu'ils trouveront, comme ils trouveront très-probablement, que l'effet naturel de ces mefures doit empêcher la décharge d'aucune partie confidérable de nos Dettes, excepté dans un terme d'années beaucoup plus long que la profpérité, & même la fûreté de notre Gouvernement ne l'admet.

Je dis la fûreté auffi-bien que la profpérité : quelques réflexions très-claires & très-naturelles, quoique faites par un petit nombre, juftifieront ces expreffions. Quant à

R ij

la premiere, le Commerce nous a donné les richeſſes, les richeſſes nous ont donné le pouvoir, & le pouvoir a élevé notre Isle au point d'avoir été dans un tems en état de faire tête à la France. Si nous déſirons retourner au même état, nous devons retourner par les mêmes pas qui nous y ont élevés; celui qui feroit un plan pour le payement de nos Dettes, ſans avoir égard principalement à l'augmentation de notre Commerce, feroit un plan très-ridicule. Mais il feroit tout auſſi ridicule de faire un plan pour ces deux objets, de maniere que l'un ni l'autre ne fût praticable.

La néceſſité de diminuer les Taxes pour parvenir à l'augmentation de notre Commerce, devient une bonne raiſon, non pour l'étrange deſſein auquel elle eſt appliquée par quelques-uns; mais pour hâter toutes les opérations néceſſaires pour éteindre nos Dettes, afin de hâter cette diminution de Taxes qui deviendra praticable lorſqu'une partie de nos Dettes ſera éteinte, & qui facilitera extrèmement la décharge du reſte. La vérité eſt, que ſi nous différons ces opérations trop long-tems, nous pouvons n'être jamais en état de les faire avec le même avantage; ni, en entretenant la paix avec nos voiſins, de renouveller notre force auſſi promptement qu'ils s'appliquent à renouveller la leur. Nos voiſins ont ſouffert par les premieres guerres, & ſe ſont épuiſés par la derniere, auſſi-bien que nous, quoique peut-être pas tant.

La France, par exemple, n'a pas contracté dans la derniere guerre plus d'un tiers de la Dette additionnelle que nous avons contractée dans le même tems, comme j'ai lieu de le croire ſur de très-bonnes autorités: Elle a été en état d'aſſigner des fonds, qui payent l'intérêt de cette dette régulièrement & éteignent annuellement une partie du principal. Je ne connois pas ſi bien l'état actuel de l'Eſpagne: mais elle reçoit journellement les tréſors des Indes Occidentales, & comme elle a été long-tems à ſortir de ſon ignorance & de ſon ancienne indolence, elle paroît à préſent s'appliquer à l'augmentation de ſes forces maritimes, à perfectionner ſon Commerce, & même ſes Manufactures domeſtiques. En un mot, on peut répéter ici ce qui a été dit plus haut: ceux qui ſe tireront plutôt de la miſere commune, donneront la loi aux autres, ou ſeront du moins en état de ne la recevoir de perſonne.

Quant à la ſûreté nationale, nous ferons bien d'obſerver combien le ſyſtème de domination & de puissance en Europe, est moins favorable à présent à nos intérêts & à nos vûes politiques, qu'il ne l'étoit lorsque nous entreprimes de le changer. L'Espagne étoit prête à tomber, mais non tombée dans les mains de la France au commencement de ce siècle; & quoique la Nation Espagnole, aussi-bien que la Cour, aient donné leur Monarchie après, pour en prévenir le démembrement, à un Prince de la Maison de Bourbon; cependant de longues habitudes d'hostilité avoient inspiré aux Espagnols assez d'aversion pour un Gouvernement François. La fortune, & nous à la fin, nous avons fait si-bien, que les deux Nations sont à présent étroitement unies par intérêt & par habitude, & que l'Espagne est par conséquent plus que jamais éloignée de nous: les preuves n'en sont que trop récentes, je crains même que nous n'en ayons encore d'actuelles.

La Frontiere de la France a été le grand support de sa puissance exorbitante, comme des hommes sages prévirent, il y a quatre-vingts ans, lorsque Louis XIV. commença à élever ce mur d'airain, qui atteint des Alpes à l'Océan, qu'elle le deviendroit. Cette Frontiere est à présent plus serrée que jamais par l'acquisition de la Lorraine. Les bran-

ches de la Maison de Bourbon ont pris racine en Italie auſſi-bien qu'en Eſpagne. La
France a appris par expérience à hauſſer &
ſoûtenir ſon crédit, & à étendre ſon Commerce pour la protection & le ſoûtien du-
quel, elle paroît plus attentive que jamais à
augmenter ſa force par Mer ; une force qu'elle exercera toûjours contre nous avec grand
avantage à quelques égards, c'eſt-à-dire, pour
ce qui eſt de l'ordre, de l'économie & de
l'étroite diſcipline.

Tout l'Empire, excepté la Baviere & Co-
logne, nous a été attaché par inclination,
auſſi-bien que par intérêt, dans la guerre qui
a commencé avec ce ſiècle. C'eſt tout le
contraire à préſent; nous pouvons dire, & je
crains bien que ce ne ſoit avec trop de vérité,
que l'influence de la France en Allemagne eſt
peu inférieure à ce qu'elle étoit, tandis que
la ligue du Rhin ſubſiſtoit.

La République de Hollande, notre meilleur Allié, & en quelque ſorte une barriere
pour l'Angleterre, eſt dans un état de diſſo-
lution, & n'a ni au-dehors, ni au-dedans
d'elle-même, ces moyens pour ſe rétablir par
les conjonctures & par ſa nature, qu'elle a
eus en pluſieurs occaſions, depuis le tems
que ſon Gouvernement s'eſt formé.

R iiij

Cette courte exposition peut servir à montrer combien il sera difficile, jusqu'à ce que nous ayons payé une bonne partie de nos dettes, & rétabli notre Pays, du moins en partie, dans son premier état de richesses & de puissance, de maintenir la dignité de la Grande-Bretagne, de la faire respecter au-dehors, de la mettre à l'abri des dommages, ou même des affronts de la part de ses voisins. Cela peut paroître aisé, du moins je le soupçonne, à quelques personnes; mais je suis sûr que l'entreprise paroîtroit difficile à Burleigh & à Walsingham, s'ils venoient à ressusciter, nonobstant les succès qu'ils ont eus sous la Reine Elisabeth, en faisant beaucoup à peu de frais, & en employant l'économie beaucoup plutôt que la force.

Ces réflexions telles qu'elles se présentent naturellement à l'esprit, prouvent évidemment que la prospérite & la sureté futures de ce Pays dépendent de la prompte diminution de nos Dettes nationales. Rien autre chose ne peut nous assurer efficacement contre le hasard des évènemens qui peuvent être d'une fatale conséquence pour l'une & l'autre. L'expérience récente a fait voir combien nous sommes devenus peu propres à tous égards, excepté le courage de nos Matelots

& de nos simples Soldats, à nous engager dans la guerre: ainsi je suppose que nous ne la provoquerons pas aisément; mais on peut faire tomber sur nous la guerre, quoique nous ne la provoquions pas, & que nous n'allions pas au continent pour la chercher. Nous pouvons même être réduits à la fâcheuse extrémité de choisir nécessairement ou d'augmenter notre dépense annulle pour assurer nos droits, protéger notre Commerce & soûtenir notre dignité, ou de demeurer dans une lâche inaction & de sacrifier tout. Je pense, j'espere même que nous ne prendrons pas ce dernier parti; & cependant nous aurions de beaucoup plus grandes difficultés à vaincre dans notre situation présente, que nous n'en avons eues dans la premiere, quelque grandes qu'elles aient été, si nous tentions de faire ce qui fut alors si honteusement négligé. Nous ne pouvons augmenter nos dépenses à présent, & nous ne serons pas en état de le faire, tant que nous n'aurons pas acquitté quelque partie de nos Dettes nationales, sans engager le reste du fonds d'amortissement; ce qui ôteroit bientôt toute espérance de payer jamais aucune partie de ces Dettes, & ne nous laisseroit plus à engager que notre propre terre & notre Dréche: au lieu que fi une partie confidérable de ces Dettes étoit acquittée avant qu'il arrivât une nouvelle guerre, ou que nous fuffions réduits à faire le choix dont j'ai parlé, nous nous trouverions nous-mêmes tant qu'elle durcroit, dans une beaucoup meilleure condition pour attaquer ou nous défendre, & nous pourrions être en état, auffi-tôt qn'elle feroit finie, de reprendre les mêmes opérations & de continuer dans cette attention aux grands objets de notre intérêt domeftique.

Ces obfervations auront un grand poids fur les hommes qui font en état de combiner tout ce qui eft à combiner dans des occafions fi importantes, & en réfléchiffant fur le paffé, & obfervant le préfent, de juger de l'avenir; les feuls remèdes efficaces & par conféquent néceffaires, peuvent paroître violens même à ceux qui auront fait ces combinaifons; mais ils confidéreront, & tout homme doit confidérer, que fi nous ne pouvons pas fupporter notre maladie, & fi nous ne voulons pas fouffrir notre Cure, il faut que le Corps politique périffe. Ce miférable état exciteroit avec juftice l'indignation du Genre humain; mais cette indignation devroit fe tourner contre ceux qui nous y ont réduits, & non contre ceux qui voudroient nous en délivrer.

Tel est le langage de la raison infpirée par l’amour du bien public; mais l’intérêt particulier & des vûes bornées en dicteront un autre.

Les Rentiers fe plaindront hautement qu’ils font expofés à des réductions perpétuelles d’intérêt, qui n’ont fervi à nul autre deffein qu’à nourrir la profufion de différentes adminiftrations, & fi l’on continuoit à prendre les mêmes voies, leurs plaintes féroient fondées, & les dommages qu’on leur cauferoit feroient infupportables. Il eft donc jufte que ni eux ne confentent à cette nouvelle réduction d’intérêt que l’on peut appeller une nouvelle Taxe fur eux, ni les poffeffeurs de biens-fonds à cette ancienne & pefante Taxe fur la terre, à moins qu’on ne leur donne aux uns & aux autres les plus grandes fûretés que le tout fera employé à fa véritable deftination. Il y aura encore des plaintes, & l’on nous repréfentera très-pathétiquement la trifte condition à laquelle la Veuve & l’Orphelin, dont le petit, mais l’unique bien eft dans les Fonds publics, feront réduits. La réponfe cependant fe préfente d’elle-même; fi la Veuve & l’Orphelin qui ont leur fortune en argent fouffrent par cette réduction d’intérêt; la Veuve & l’Orphelin qui ont leur fortune

en terre, souffriront par la continuation de la
Taxe qu'elle supporte, & les uns & les autres
doivent prendre leur part dans la calamité
commune de leur Pays.

Mais la vérité est que la foible voix de la
Veuve & de l'Orphelin sera peu entendue.
Le grand bruit sera causé par les Agioteurs &
les Usuriers, par les principaux Chefs de nos
grandes Compagnies, qui nés pour servir &
pour obéir, ont été élevés pour commander à
leurs Supérieurs & au Gouvernement même.
Ces hommes jetteront de grandes clameurs,
& tâcheront par des intrigues sourdes, aussi-
bien que par le bruit, d'arrêter toute mesure
qui tendra à émanciper le Gouvernement de
leurs mains, pour faire du trésor du Roi ce
qu'il doit être, le grand ressort du Crédit public,
& la grande scene de tous les contrats réla-
tifs aux payemens & aux recettes publiques.

Que ces hommes donc apprennent à se
soûmettre & à raisonner comme fit le courageux Bateman, lorsque la réduction d'intérêt
fut résolue en 1717. Il dit à Mylord Stan-
hope qu'il étoit bien aise que cette résolution
eût été prise, parce que bien que son intérêt
diminuât, il croiroit son principal plus assuré
que jamais. Après tout, les plaintes de ce
côté feront peu d'impression sur un Ministre

qui fait que, nonobſtant que de pareilles gens aient été employés lorſqu'on étoit dans la néceſſité de contraĉter de nouvelles Dettes, & que le Public comme un prodigue extravagant étoit obligé de traiter avec des Uſuriers aux conditions qu'ils lui impoſoient, cependant ils ne doivent pas être conſultés lorſqu'ils s'agit de payer les Dettes & de tirer le Public de leurs mains, qui ſçait enfin qu'il a les bras plus longs qu'eux, & qui leur fait ſentir qu'il eſt prêt à garder ou ne pas garder de meſures avec eux ſelon leur conduite; qui pourſuit conſtamment le ſage & honnête deſſein de rendre & ſa propre adminiſtration, & toute adminiſtration future indépendante d'eux.

On trouveroit encore beaucoup d'oppoſition de deux autres côtés, le Pays & la Cour, dans leſquelles je craindrois que la moins plauſible ne fût préciſement celle qui réuſsît le plus.

Le Propriétaire de terre trouvera qu'il eſt dur qu'on ne le laiſſe pas jouïr d'un peu d'aiſe après avoir ſupporté le poids & la chaleur du jour durant le long cours d'une paix où l'on a dépenſé beaucoup, & d'une guerre ruïneuſe. Tout ce qui ſe peut dire pour lui perſuader qu'une diminution immédiate de la Taxe ſur les terres eſt contraire à ſon intérêt, paſſera pour tromperie & paradoxe. Il raiſonnera comme ces Fermiers qui ſont toûjours eſfrayés d’une dépenſe immédiate, quoique des profits éloignés, mais grands, en doivent être la conſéquence. Qu’un pareil homme réfléchiſſe & prenne leçon de ce qui s’eſt paſſé; il trouvera que tandis qu’il connivoit à la profuſion, parce qu’il étoit flatté par des diminutions ſur la Taxe de terre, on a contracté des Dettes qui lui ont coûté beaucoup plus que la continuation de cette Taxe ne lui auroit coûté. Si nous nous rappellons les dix premieres années du Regne du Roi d’à préſent, nous y en trouverons la preuve la plus frappante. Que le même homme, après avoir jetté les yeux ſur le paſſé, les tourne du côté de l’avenir: il verra que comme toute diminution de la Taxe de terre, étant ſuppléée du produit du fonds d’amortiſſement, ou en empruntant même à trois pour cent, ſur le Crédit de ce fonds, doit prévenir, ou retarder, ce qui revient au même, la décharge de quelque partie conſidérable de notre Dette, il demeurera expoſé à ſupporter la Taxe entiere, qui ſera rétablie à la premiere occaſion, ſoit réelle ou ſuppoſée. Il peut ſe trouver luimême après un peu de répit, ſous le poids de

la même Taxe & d'une Dette augmentée, &
voilà peut-être tout ce qu'il gagnera en refu-
fant de porter un peu plus long-tems, pour
l'amour de lui-même & pour un objet important, ce qu'il a porté plufieurs années,
pour l'amour des autres & pour le foûtien
d'une guerre très-malheureufe; car elle peut
être eftimée telle après que les François furent battus à Dettinghen.

De l'autre côté, s'il eft affez fage pour fouhaiter que les quatre fchelings dans la livre
fterling, foient continués pour quelques années, il aura fa part dans les bénéfices communs, de diminuer les Dettes de l'Etat, d'augmenter le Crédit public, de rendre le Commerce plus floriffant & de rétablir la profpérité de la Nation. Il peut entretenir l'efpérance confolante d'un tems où lui ou fa poftérité ne feront plus dans la néceffité de con-
fentir à aucune forte de Taxe fur la terre en
tems de paix: puifque, par cette méthode, le
produit annuel des autres fonds fuffira plutôt,
ou plus tard, pour défrayer la dépenfe annuelle du Gouvernement; il peut acquérir un
avantage qui le dédommagera amplement de
ce qu'il pourra lui en coûter. Celles des
Taxes, foit de l'Accife ou de la Doüane, qui
font le plus à charge aux pauvres Laboureurs

& à nos propres Manufacturiers, peuvent être réduites, du moins par degré, sans aucune interruption considérable des opérations nécessaires pour acquitter notre Dette nationale; & quoiqu'il soit peu accoûtumé à croire que les autres Taxes l'intéressent, autant que la Taxe sur la terre, il s'appercevra bientôt qu'une épargne sur le prix de tout ce qu'il boit & mange, & sur celui de ses vêtemens, est un continuel & un grand dédommagement, pour tout ce que cette Taxe a tiré de lui, tandis qu'il a consenti à la continuer. Il trouvera qu'il gagne lui-même, non-seulement par ce qu'il épargne dans ses dépenses, mais par l'amélioration de son fonds; car tout se tient dans le système politique, & les richesses & la prospérité d'une Nation sont intimement unies.

Le Courtisan se plaindra hautement, & avec autant d'arrogance que d'éclat, que tout retranchement sur nos dépenses annuelles, peut faire plus de mal, que l'epargne ne peut faire de bien. Mais je crois qu'il n'est pas difficile de prouver que trois schelings ou trois schelings & six sous dans la livre sterling, sur la terre, laissant aller le reste des quatre schelings au fonds d'amortissement, seroient plus que suffisans pour répondre à

toutes

toutes les dépenses néceſſaires en tems de paix. Les hommes ſages ſont capables de faire beaucoup avec peu ; les fous & les fripons ſont toûjours prêts à faire peu avec beaucoup. Les premiers ſavent que la bonne Politique conſiſte à obſerver deux ſortes d'économie, la plus grande & la moindre : à proportionner par la premiere nos dépenſes à nos circonſtances & à celles de nos Voiſins, & à le faire avec toute la frugalité que permettent ces circonſtances combinées enſemble : à examiner par la ſeconde, de la maniere la plus réguliere & la plus ſcrupuleuſe, l'adminiſtration du tréſor public, depuis les plus hauts juſqu'aux plus bas Offices de l'Etat. Il eſt de la derniere importance, en ce tems ſur-tout, que ces deux eſpèces d'Economie ſoient pratiquées. Notre bien-être, notre ſûreté même en dépend. Il faut que nous ſuccombions ſous le poids de nos Dettes, ſi nous ne les payons pas, & ſi nous commençons à les payer, ſans pratiquer ces deux ſortes d'Economie, l'image ridicule que j'ai vûe dans une gravûre Hollandoiſe, d'un homme travaillant & ſuant pour corder du chanvre, tandis qu'à l'autre bout un âne le déchire avec ſes dents, auſſi vîte qu'il le corde, fera notre véritable Emblême.

L'extrème frugalité étoit un des moyens employés par le grand Miniftre que j'ai cité, & le fuccès qu'il eut en de pareilles circonftances, devroit encourager la pratique de la même frugalité dans le cas où nous nous trouvons. Il employa encore un autre expédient, qui n'eft pas moins néceffaire en Angleterre, qu'il ne l'étoit en France, ni dans notre tems, qu'il ne l'étoit dans le fien. L'expédient que je veux dire, eft de réformer les abus. M. le Duc de Sully fit de cette réforme un fonds affez confidérable pour le payement des Dettes publiques. Je ne décide pas, fi nous pouvons ou non, faire la même chofe auffi efficacement que lui : ceci du moins eft certain, c'eft qu'une telle réforme feroit caufe que tous les fervices futurs s'exécuteroient à moins de frais pour le Public. On pourroit raffembler des matériaux, non pour une Brochure (*a*), mais pour un Traité régulier fous

---

(*a*) M. le Comte DE BOLINGBROKE me paroît défigner ici un Ouvrage de ce genre imprimé en 1732. intitulé : *Obfervations fur le Commerce &*

des Chapitres diſtinɛts, concernant les abus

ſur l'amour du bien Public, par Thomas Baſton.
L'Ouvrage eſt rempli de Remarques très-judicieu-
ſes, mais ſans aucun ordre. D'ailleurs s'il eſt
d'un bon Citoyen, il n'eſt ſûrement pas d'un Homme d'Etat. En 1734. il avoit paru une autre
Brochure intitulée : *Examen des Affaires domeſti-*
ques de l'Angleterre depuis l'Année 1721. juſqu'à ce
tems. Ce n'eſt pas ſeulement une plainte, c'eſt
une vraie dénonciation de tous les abus dont parle Mylord BOLINGBROKE, dans l'adminiſtration du Gouvernement, ſur-tout à l'égard des
Fonds publics & des Dettes de l'Etat. Il eſt vrai
que l'eſprit de Parti qui y regne la rend ſuſpeɛte;
mais on a beau ſe défier de l'Auteur Anonyme,
peut-on ſe refuſer à l'évidence des faits & à la ſo-
lidité de ſes raiſonnemens? *L'établiſſement,* dit-il,
des Fonds publics ſur le Crédit de nos Taxes, a pro-
duit de plus grands malheurs que ces Taxes elles-mê-
mes, non-ſeulement en augmentant les moyens de
corruption, & le pouvoir de la Couronne, mais par
l'effet qu'il a eu ſur l'eſprit de la Nation, dont de-
puis les Mœurs ont changé; de ſorte qu'il eſt impoſ-
ſible de ſe rappeller le paſſé ſans douleur & d'envi-
ſager l'avenir ſans effroi. Les dépenſes de notre
Gouvernement ſont la plûpart engagées d'avance.
Dans les tems de paix & de proſpérité, comme il
nous plaît de les appeller, nous contraɛtons de nou-
velles Dettes & nous créons de nouveaux Fonds; que
faut-il donc que nous faſſions dans les tems de guerre

& la corruption qui prévalent parmi nous,
dans chaque partie du service public, & les
conféquences qui en réfultent. Je ne fais
pas même fi l'on ne devroit pas entreprendre quelque Ouvrage de cette efpèce, quelque odieux qu'il puiffe paroître, puifqu'on
ne fait rien pour réformer ces abus & pour
arrêter cette corruption.

Ils ne faifoient que fe glifler autrefois,
mais depuis un certain tems c'eft à grands
pas qu'ils cheminent. Conniver aux fraudes & peut-être les encourager, répandre
la corruption, c'eft ce qu'on a vû faire anciennement à des hommes en place, qui
pour la plûpart avoient plus d'ambition que
d'avarice, & qui élevoient par ces moyens
un parti formidable qui pût être l'appui de
leur pouvoir. Mais dans la fuite du tems
& dans des conjonctures favorables, la contagion eft montée plus haut & s'eft répandue encore davantage. Des hommes en
place fe font affociés à ceux qui ont imagi-
né les plus grandes fraudes ; les plus éle-

---

*ℰ de calamité publique, après avoir engagé tout
le produit de nos Terres ℰ nos Terres elles-mêmes? ℰc.*

vés de ceux qui gouvernoient, & les plus
bas de ceux qui étoient gouvernés, ont contribué à proportion de leurs différens degrés à la rapine univerſelle.   La plus grande fraude particuliere, dont on puiſſe trouver aucun exemple, étoit celle que les arrérages de ſubſides aux Princes étrangers,
& les arrérages de la paye aux Troupes
étrangères, ont donné l'occaſion & les
moyens d'exécuter.

Je ſens que la repréſentation que j'ai faite
de la dégénération de notre Siècle & de notre Nation, peut donner occaſion de dire,
que ces choſes même pour leſquelles je
plaide, ſont impraticables.   On demande-
ra ſi l'on peut former quelque eſpérance de
faire naître le déſintereſſement & l'amour
du bien public, parmi des hommes qui
n'ont d'autre principe que celui de l'intérêt
particulier, qui vivent plus en Dividus iſo-
lés, qu'en Compatriotes unis, qui ſe vo-
lent l'un l'autre, &, pour tout dire, ſont
dans un état de Socièté civile, très-ſembla-
bles aux Hommes d'Hobbès dans ſon état
ſuppoſé de Nature?   Je ſuis obligé d'a-
vouer, quoiqu'à regret, que l'entrepriſe
eſt difficile;   mais plus elle eſt difficile, ſi
nulle autre choſe ne peut nous ſoulager du

fardeau de Dettes qui nous accablent, ni prévenir les conféquences de le fupporter plus
long-tems, plus pour faire naître cet efprit
& avancer ces mefures, chaque tentative,
même la plus foible, & même la mienne,
eft recommandable. Les poffeffeurs de
biens fonds font les vrais Propriétaires de
notre Vaiffeau politique ; les Rentiers,
comme tels, n'y font que des Paffagers.
C'eft aux premiers par conféquent que toutes les exhortations de prendre cet efprit
devroient être adreffées ; c'eft à eux de
donner l'exemple, & lorfqu'ils le feront,
ils auront le droit d'exiger que les Paffagers
contribuent de leur part pour fauver le
Vaiffeau. S'ils fe trouvent réfractaires, il
faut leur dire qu'il y a une Loi, en faveur
du Public, plus facrée & plus ancienne
(car elle eft auffi ancienne que la Socièté
Politique) que toutes celles fur lefquelles
ils voudroient fe fonder, pour s'exemter de
toute réduction d'Intérêt, & conféquemment de tout rembourfement de leur principal, quoique cette réduction & ce rembourfement foient abfolument néceffaires
pour rétablir la profpérité de la Nation, &
pourvoir en même tems à fa fûreté. La
Loi que j'entens, eft celle dictée par la na-

ture & la raison, qui déclare la conservation de la République supérieure à toutes
les autres Loix.

Si l'on peut parvenir à une pareille coo-
pération des Rentiers & des Propriétaires
de terre, nous ne trouverons sous nos pas
qu'un chemin facile & applani, au bout
du-quel une perspective de prospérité Nationale s'ouvrira chaque année devant
nous. Ce point de vûe sera d'un grand
avantage & pour le dedans & pour le dehors du Royaume. Nous l'éprouverons
dans l'augmentation de notre Crédit, dans
la confiance que nos Amis auront en nous,
& le respect que nos Ennemis même auront pour nous : un respect qui sera dû
avec justice & à un Peuple qui témoigne
tant de vigueur au milieu de tant de misere, & qui prend des mesures efficaces
pour rétablir la force de la Nation & reprendre son ancienne dignité, au-lieu de
continuer à languir dans l'impuissance & le
mépris.

L'homme qui n'est pas échauffé par des
considérations telles que celles-ci, doit n'a-
voir aucune élévation d'esprit, aucun amour
pour la Patrie, aucun égard pour la Posté-

rité, pas même la moindre teinture de cette honêteté qui diftingue un bon d'un mauvais Citoyen. Je fais que la futilité, l'ignorance & toutes fortes de débauches font générales; mais je fais auffi qu'elles ne font pas univerfelles, & c'eft pourquoi je ne dèfefpere pas. A tout évènement, le mérite de fauver notre Pays de la mendicité, eft peu inférieur à celui de le fauver de l'efclavage. Ainfi ceux qui s'engagent dans une fi bonne Caufe, & qui s'attachent conftamment à faire revivre cet Efprit Public comme à l'unique moyen de fauver cette Nation de la mifere, de l'oppreffion & peut-être de la confufion, la conféquence ordinaire des deux autres, mériteront peut-être mieux, je ne crains pas de le dire, le titre d'*Ultimi Britannorum*, quand même ils échoueroient dans leurs projets, par l'oppofition des plus mauvais & des plus méprifables fujets de l'Angleterre, que l'ufurier Brutus & Caffius, ce févere exacteur de contributions ne méritèrent le titre d'*Ultimi Romanorum*, lorfqu'ils fuccombèrent d'une autre façon fous les plus indignes Citoyens de Rome.

Après tout ce qui a été dit ici, & tout ce qui auroit pû être dit touchant la conduite de la Maison d'Autriche, depuis le regne du Roi Guillaume jusqu'au tems présent, il est à propos d'ajoûter quelque chose par maniere de précaution, & de prévenir les fausses conséquences que l'on pourroit tirer de quelques prémices qui sont très-vraies.

Il est notoirement vrai qu'un esprit de bigotterie, de tyrannie, & d'avarice dans la Cour de Vienne, a maintenu long-tems les troubles en Hongrie, qui auroient pû être appaisés beaucoup plutót qu'ils ne l'ont été. Ainsi l'on a entretenu une grande & constante diversion en faveur de la France, même dans un tems où les deux Maisons d'Autriche & de Bourbon étoient aux prises pour cette riche proye, la succession d'Espagne, jusqu'à ce que les troupes Françoises s'emparèrent de Passau, & que les mécontens de Hongrie levèrent des contributions dans les Fauxbourgs même de Vienne.

Il est de notoriété publique que, comme je l'ai dit plus haut, nous aurions pû n'avoir plus à faire qu'une guerre défensive contre la France, avec un Prince Autrichien sur le Thrône d'Espagne, à la mort de

S v

Charles II. fi l'Empereur Léopold avoit voulu concourir dans les mesures sages & praticables que le Roi Guillaume lui avoit proposées.

Il n'est pas moins connu que nous aurions pû éviter la défaite à Almanza, & soûtenir beaucoup mieux la guerre en Espagne, si une prédilection pour les acquisitions en Italie n'eût pas déterminé le Conseil de Vienne à précipiter l'évacuation de Mantoue, où une armée de François étoit bloquée après la bataille de Turin, au lieu que par ce moyen on la laissa partir contre l'opinion de la Reine & des Etats Généraux, assez à tems pour nous battre à Almanza.

Enfin, car je ne veux pas descendre dans de plus grandes particularités, il est très-certain que nous aurions pû prendre Toulon, & porter la guerre dans les meilleures Provinces de France, objet pour lequel la Reine Anne avoit fait à grands frais tous les préparatifs nécessaires, si les Autrichiens n'eussent pas détaché précisément en ce tems douze mille hommes de l'expédition de Naples, & si le Prince Eugene n'eût pas montré trop visiblement devant

des perfonnes encore vivantes, que la pri-
fe de Toulon étoit la moindre de fes inquiétudes.

Ces faits fuffifent pour faire voir combien la Politique fautive de la Cour de
Vienne a furchargé fes Alliés pendant plus
d'un demi fiècle, & qu'elle feule a fait
échouer le grand deffein que fes Alliés, &
l'Angleterre en particulier, avoient fi fort
avancé pour elle, aux dépens de tant de
fang & de tant de tréfors. D'où il eft arrivé, que dans ce Royaume plufieurs font
prêts à conclure de ces faits & de quelques
autres de la même efpèce poftérieurs à
ceux-ci, que notre expérience devroit nous
apprendre à négliger les intérêts de la Maifon d'Autriche, & à ne pas nous embaraf-
fer de tout ce qui fe paffera fur le continent dans le tems à venir ; mais fûrement
de pareilles conclufions font fauffes. Le
principe de notre conduite étoit jufte:
nous ne fommes à blâmer que pour avoir
pris nos mefures de travers. C'étoit notre négligence de l'intérêt général de l'Europe, depuis le Traité des Pirènées, jufqu'à
la révolution de notre Gouvernement en
1688. qui avoit donné à la France le tems
& les moyens fuffifans pour acquérir une

Puiſſance exorbitante. C'a été un zèle
ſans connoiſſance, & une étrange ſoûmiſ-
ſion à des intérêts particuliers qui ont preſque épuiſé cette Nation, & qui ont rendu
inutiles tous nos efforts pour le bien Public
depuis ce tems. Nous pouvons changer
ceci: quant au principe Politique, nous ne le
pouvons faire tant que le partage des Puiſſances & des Etats ſera le même en Europe.
Nous ſommes une Isle à la vérité; mais ſi
une Puiſſance ſupérieure donne la loi au
Continent, je crains qu'elle ne nous la donne auſſi dans des articles eſſentiels. Nos
grands Peres appréhendèrent avec raiſon
la Puiſſance exorbitante de la Maiſon d'Autriche, & crurent que les prétentions de
Marie Reine d'Ecoſſe, même lorſqu'elle
étoit priſonniere, pouvoient fournir à cette
Maiſon ambitieuſe l'occaſion & les facilités
comme elles ne le firent que trop, de
troubler notre paix & même d'envahir
notre Isle. La Puiſſance exorbitante de la
Maiſon de Bourbon donne pour le moins à
cet égard, auſſi-bien qu'à d'autres, les mêmes ſujets d'appréhenſion. Il eſt par conſéquent de notre intérêt d'entretenir la riva-
lité entres les familles d'Autriche & de Bourbon; & à cet effet d'aſſiſter la premiere à

chaque occafion contre la derniere, autant
que le demande, non fon ambition particuliere, mais l'intérêt commun de l'Europe;
& autant que nos circonftances nationales
peuvent nous le permettre, de mefurer
toûjours notre affiftance à fes befoins.

Telles font les mefures & les proportions fuivant lefquelles feules, les Sociétés
Politiques doivent s'engager dans une Alliance & s'affifter l'une & l'autre.   Il y a un
amour-propre Politique, auffi-bien que Naturel :   Le premier doit être pour chaque
Membre d'une République, le même principe déterminant d'action, lorfque l'avantage Public y eft intéreffé, que le dernier le
fera très-certainement au même homme
toutes les fois que fon intérêt particulier
l'exigera.   J'ai fouvent entendu dire d'un
homme qu'il étoit ami ou ennemi de la
Maifon d'Autriche, & d'un autre qu'il étoit
ami ou ennemi de la Maifon de Bourbon.
Mais d'ordinaire la paffion & le préjugé
dictent ces expreffions;   comme les fentimens qu'elles fuppofent, toutes les fois
qu'ils font réels, doivent venir de ces caufes, ou d'une autre qui eft encore pire, de
la corruption.   Un Prince & un Peuple fages n'ont d'égard pour les autres Etats, que

celui qui naît de l'accord ou de la répugnance de leurs différens intérêts ; & par conféquent, cet égard doit varier, comme ces intérêts varient dans la fluctuation perpétuelle des chofes humaines. La Reine Elifabeth & fon Peuple s'oppofèrent à la Maifon d'Autriche, & foûtinrent la Maifon de Bourbon dans le feizième fiècle. La Reine Anne & fon Peuple fe font oppofés à la Maifon de Bourbon, & ont foûtenu celle d'Autriche dans le dix-huitième. La premiere, à la vérité, en employant des Confeils plus fages ; la feconde, avec des forces plus confidérables. La conduite de la premiere a enrichi notre Pays ; les efforts de la derniere l'ont appauvri. . . . .

Ces RE'FLEXIONS ont été écrites jufqu'à cet endroit, dans l'année 1749. mais n'ont jamais été finies.

Fin du premier Volume.

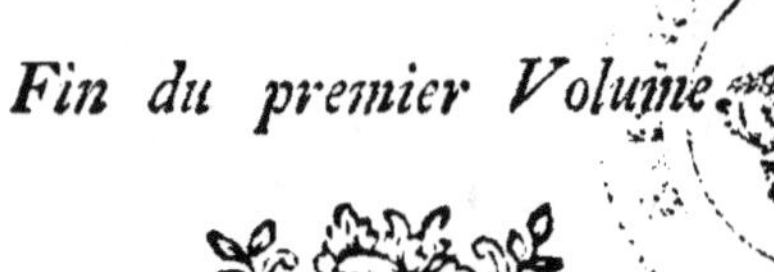

Imprimé à PFOERTEN

Chez JEAN TOBIE SIEFARD.

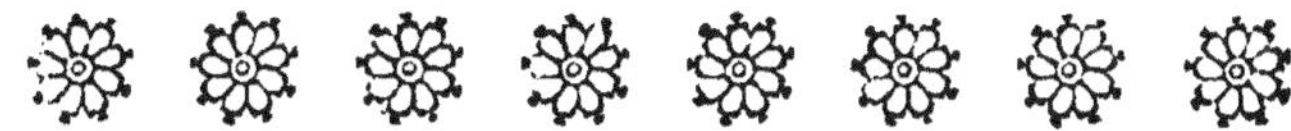

TABLE

DU PREMIER VOLUME.

Fin de la Table.